普通高等教育酒店管理专业系列教材

酒店管理信息系统

主编　耿　佳　王伯航
参编　鲍富元　郜　宣　王婕霏　曲　艺

机 械 工 业 出 版 社

本书是对作者多年"酒店管理信息系统"课程教学经验及心得的总结、归纳和整理。本书系统阐述了管理信息化在酒店业中的应用，主要内容包括：酒店信息化、酒店管理信息系统、酒店电子商务、酒店前台管理信息系统、酒店客房管理信息系统、酒店餐饮管理信息系统、酒店顾客关系管理信息系统、酒店人力资源管理信息系统、智慧酒店等。

本书可以作为本科院校"酒店管理信息系统"课程的教材，也可以作为酒店管理相关从业者的参考读物。

图书在版编目（CIP）数据

酒店管理信息系统/耿佳，王伯航主编．—北京：机械工业出版社，2022.6（2025.1 重印）
普通高等教育酒店管理专业系列教材
ISBN 978-7-111-71058-5

Ⅰ．①酒⋯ Ⅱ．①耿⋯ ②王⋯ Ⅲ．①饭店 – 商业管理 – 管理信息系统 – 高等学校 – 教材 Ⅳ．①F719.2-39

中国版本图书馆 CIP 数据核字（2022）第 110782 号

机械工业出版社（北京市百万庄大街 22 号　邮政编码 100037）
策划编辑：常爱艳　　　　　责任编辑：常爱艳　单元花
责任校对：史静怡　王明欣　封面设计：鞠　杨
责任印制：张　博
北京建宏印刷有限公司印刷
2025 年 1 月第 1 版第 3 次印刷
184mm × 260mm · 13 印张 · 280 千字
标准书号：ISBN 978-7-111-71058-5
定价：44.80 元

电话服务　　　　　　　　　网络服务
客服电话：010-88361066　　机 工 官 网：www.cmpbook.com
　　　　　010-88379833　　机 工 官 博：weibo.com/cmp1952
　　　　　010-68326294　　金 书 网：www.golden-book.com
封底无防伪标均为盗版　机工教育服务网：www.cmpedu.com

随着信息化建设的发展，酒店行业的竞争越来越激烈。酒店行业与国际市场接轨已成为大势所趋。如何利用先进的管理手段变革酒店的管理模式，提高酒店各部门的管理水平，是每一个酒店管理者所面临的重大问题。实施酒店信息化建设无疑是达到这一目的的必由之路和明智之举。本书是对作者多年"酒店管理信息系统"课程教学经验及心得的总结、归纳和梳理，本书系统阐述了管理信息系统在酒店业中的应用。本书主要围绕酒店前厅部、客房部、餐饮部、财务部、销售部、人力资源部等核心部门的管理信息系统的功能、特点和发展趋势等问题逐一展开论述，以期能给予"酒店管理信息系统"学习者一些启示。

第一章主要内容包括：国际知名品牌连锁酒店的概况、信息化概述、信息化对酒店业的影响、酒店信息化建设，以及酒店信息化建设中云端化发展趋势等五个方面。

第二章对酒店管理信息系统的相关内容进行了详细的阐述与分析，首先对酒店管理信息系统的产生背景、在我国的发展状况、建设意义、数字化背景下酒店管理信息系统的发展等内容进行了梳理和回顾，然后着重分析了酒店管理信息系统的功能结构、发展趋势以及常见的国内外酒店管理信息系统等内容。

第三章结合实际，详细阐述了电子商务在酒店日常管理工作中的应用，梳理了酒店电子商务的发展历程、酒店电子商务体系的基本内容，以及酒店电子商务的途径分析和需求分析、电子商务在酒店业应用的优势，介绍了酒店电子商务营销系统、酒店电子商务发展趋势。本章内容主要用于解决酒店业如何合理有效地运用电子商务优化管理信息系统的问题。

第四到第八章结合酒店业的真实情况、作者的工作经验和多年"酒店管理信息系统"课程的教学经验，详细探讨了酒店前台信息化管理、客房信息化管理、餐饮信息化管理、顾客关系信息化管理以及人力资源信息化管理系统的体系构建，针对目前国际连锁酒店品牌的信息化管理系统的使用情况，主要从概况、作用、功能、整体评价等方面对以上内容进行全面总结和归纳。

第九章举例论证了智慧酒店的发展概况，引用杭州黄龙饭店、三亚亚特兰蒂斯酒店和万豪国际集团 App 等案例分析了智慧酒店的信息化管理系统。

作者建议全国高校的"酒店管理信息系统"课程的教师将学生的专业方法、专业技术和职业能力的全面发展放在首位，结合社会和行业的需求，改革并完善"酒店管理信息系统"的教学，培养学生的服务意识和职业道德。

本书由耿佳（三亚学院）、王伯航（三亚学院）担任主编，由鲍富元（三亚学院）、邸宣（三亚学院）、王婕霏（三亚学院）、曲艺（三亚中瑞酒店管理职业学院）参编。其中，

第一、九章由王伯航编写整理；第二章由鲍富元、郜宣、王婕霏、曲艺编写整理；第三、四、五、六、七、八章由耿佳编写整理。

本书是在三亚学院应用型人才培养定位的指导下，立足产教融合的专业办学思路，顺应数字化时代酒店管理专业发展的新形势和新要求，主动创新且集合多方智慧而成的。本书的出版主要得到了三亚学院酒店管理应用型本科专业转型建设项目、三亚学院教学类校级项目——"酒店管理信息系统"课程数字化教学应用改革研究（SYJJYQ202113）、三亚学院复星旅文智慧旅游产业学院项目（SYJCY202104）的支持。本书也是上述三个项目的重要成果。本书在编写过程中还得到了学校、学院领导及酒店企业的大力支持，三亚学院国际酒店管理学院的柴勇院长为本书的出版提供了基础保障。同时，感谢复星旅文智慧旅游产业学院的共建方复星旅文集团为本书的出版提供的资料汇编、技术及人员支持等方面的帮助，特别要感谢复星旅文集团的三亚亚特兰蒂斯酒店人力资源副总裁杨萱女士，她提供了本书所需的案例资料及技术疑难解答。

由于作者水平有限，书中难免有不当或错误之处，恳请广大读者批评指正。

编 者

第一章 酒店信息化

学习目标

1. 了解酒店信息化的发展阶段,对酒店信息化有一个概括的认识
2. 理解酒店信息化建设过程中存在的问题
3. 重点掌握酒店信息化建设中云端化的发展趋势

学习重点

1. 酒店信息化管理的含义和内容
2. 酒店信息化建设的内容
3. 酒店信息化建设过程中存在的问题

学习难点

1. 信息化对酒店业的影响
2. 酒店信息化建设中云端化的发展趋势

第一节 国际知名品牌连锁酒店的概况

一、希尔顿国际酒店集团

希尔顿国际酒店集团于 1919 年在美国成立,创始人康莱德·希尔顿(Konrad N. Hilton,1887—1979)是世界著名的旅店之王和酒店大亨,人称"旅店帝王"。希尔顿 1887 年生于美国新墨西哥州,曾是控制美国经济的十大财阀之一。他在第一次世界大战期间服过兵役,并被派往欧洲战场,战后退伍,之后经营旅馆业。

美国希尔顿酒店成立后不到 90 年,从一家酒店扩展到 100 多家,遍布世界五大洲的各

大城市，成为全球规模较大的酒店之一，拥有希尔顿、华尔道夫、康莱德、希尔顿逸林等知名酒店品牌。

希尔顿国际酒店集团为总部设于英国的希尔顿集团公司旗下的分支，拥有除美国外全球范围内"希尔顿"商标。希尔顿酒店服务人员在微笑中提供优质的综合服务。希尔顿在《宾至如归》中认为：旅馆是一个服务和款待的行业，为了满足顾客的要求，希尔顿"帝国"除了到处都充满微笑外，在组织结构上，希尔顿尽力创造一个尽可能完整的系统，成为一个综合性的服务机构。因此，希尔顿酒店除了提供完善的食宿外，还设有咖啡室、会议室、宴会厅、游泳池、购物中心、银行、邮局、花店、服装店、航空公司代理处、旅行社、出租汽车站等一套完整的服务机构和设施。客房分为单人房、双人房、套房和豪华套房。餐厅分为高级餐厅和快餐厅。所有的房间都有空调设备。室内设备，如酒柜、电话、彩色电视机、电冰箱等应有尽有，使到希尔顿酒店住宿的客人真正有一种"宾至如归"的感觉。

希尔顿荣誉客会是希尔顿全球旗下十大酒店品牌推出的一项屡获殊荣的宾客忠诚计划，该计划可为会员提供赚取和兑换积分的更多方式，为宾客打造值得与挚爱分享的体验。

二、万豪国际集团

万豪国际集团1927年成立于美国，是全球首屈一指的国际酒店管理公司和入选《财富》全球500强的企业，旗下拥有万豪、丽思卡尔顿、万丽、万怡等国际知名酒店。

2015年11月16日，美国酒店巨头万豪国际集团宣布，以122亿美元达成收购喜达屋酒店及度假村集团的协议，后者旗下拥有W酒店、瑞吉及喜来登等品牌。

2017年8月，阿里巴巴集团宣布与万豪国际集团达成战略合作，双方将成立合资公司，运营万豪旗下所有线上中文官方平台，包括万豪中文官方网站、万豪无线端中文App、飞猪万豪官方旗舰店等。

此外，该合资公司深度开发全球旅游目的地，以万豪旗下酒店为重心，整合周边旅游资源，设计推出个性化旅行打包方案。

三、洲际酒店集团

洲际酒店集团1777年成立于英国，是全球较大及网络分布较广的酒店管理集团，旗下有洲际、华邑、英迪格、假日酒店等众多不同定位的酒店品牌。

洲际酒店集团致力于为每一位顾客提供充满真情实意的热情款待。当顾客在全球任意一家洲际酒店集团旗下酒店下榻时，顾客都将感受到诚挚的欢迎和重视。这是因为，洲际酒店集团发自内心地关注服务的顾客和社区，以提供卓越的高品质服务为荣耀。

洲际酒店集团旗下的每一个酒店品牌都有其不同的定位，为顾客提供的设施和服务也各具特色。同时，洲际酒店集团的影响遍及全球。因此，顾客无论是开启商务旅行，规划亲友欢聚，还是寻觅奢适之旅，都可以在洲际酒店集团找到合适的酒店。

四、雅高酒店集团

雅高酒店集团1967年成立于法国，是全球知名酒店管理集团，以为商界和消闲服务市场提供一系列著名品牌酒店而负盛名，包括豪华型的酒店及经济型的旅社。

雅高酒店集团总部设在巴黎，它的雏形是1947年成立于法国的老沃特尔饭店；后以该品牌为基础，开展连锁经营；1974年，引进"宜必思"品牌；1975年，引进"墨奇勒"品牌，并在欧洲和非洲经营；至20世纪70年代末，集团共有成员饭店210家，并开始进入餐馆业；1980年，通过与杰克槐斯·玻勒尔国际公司（JBI）的兼并，引进"索菲特"品牌，在巴黎股票交易所上市融资；1983年兼并JBI后，易名雅高集团；1985年，引进"佛缪勒第1"经济品牌；1990年，购买美国"汽车旅馆第6"品牌。

雅高酒店集团通过收购酒店集团和从事酒店管理，使酒店业务迅速增长。雅高酒店集团拥有独特的国际市场地位，主要酒店品牌包括：索菲特、诺富特、美居酒店、宜必思酒店、佛缪勒第1、雅高海洋会馆。

雅高酒店集团亚太总部设于新加坡，亚洲区总部位于泰国曼谷，中国地区代表处设在上海，而主要销售及营运办事处设在香港、上海、雅加达、新德里、新加坡、东京和奥克兰。在短短十年间，雅高酒店集团亚太公司已发展为亚太区规模较大和活跃的酒店集团，遍布15个国家。

雅高酒店集团以其专业的管理，从设计概念、工程技术及建筑配套，乃至开业前的规划及专业的统筹运作等，唯求尽善尽美。

五、香格里拉酒店集团

香格里拉酒店集团1971年创立于新加坡，是马来西亚郭氏集团旗下的品牌，是亚太地区的先驱型豪华酒店集团，给顾客提供良好的体验。

香格里拉酒店集团的故事始于1971年，第一家豪华酒店在新加坡开业。香格里拉品牌灵感来自詹姆斯·希尔顿在1933年出版的小说《消失的地平线》中的传奇之地。"香格里拉"这个名字代表着酒店享誉国际的宁静氛围与服务。总部位于中国香港地区的香格里拉酒店集团已经成为亚太地区豪华酒店行业的领军企业。

六、温德姆酒店集团

温德姆酒店集团是全球规模最大、业务最多元化的酒店集团企业之一，总部设于美国新泽西州帕西帕尼。温德姆酒店集团旗下品牌从享誉全球的高档酒店品牌——与集团同名的温德姆酒店及度假酒店到家喻户晓的舒适酒店品牌——华美达酒店、戴斯酒店、速 8 酒店、豪生酒店等，为不同消费群体提供多样化的酒店选择和物超所值的优质服务。

第二节　信息化概述

一、信息化的概念

信息化是指培养、发展以计算机为主的智能化工具为代表的新生产力，并使之造福于社会的历史过程。智能化工具又称信息化的生产工具，一般具备信息获取、信息传递、信息处理、信息再生、信息利用的功能。与智能化工具相适应的生产力，称为信息化生产力。智能化生产工具与过去生产力中的生产工具不一样的是，它不是孤立分散的，而是一个具有庞大规模、自上而下、有组织的信息网络体系。这种网络性生产工具会改变人们的生产方式、工作方式、学习方式、交往方式、生活方式、思维方式等，将使人类社会发生极其深刻的变化。

信息化是以现代通信、网络、数据库技术为基础，把研究对象的各要素汇总至数据库，供特定人群生活、工作、学习、辅助决策等，和人类息息相关的各种行为相结合的一种技术。这一技术可以极大地提高各种行为的效率，为推动人类社会进步提供极大的技术支持。

二、酒店信息化

21 世纪是以信息技术为主的新经济时代。人类进入 21 世纪以后，随着信息技术的飞速发展，世界经济也开始了以信息技术为主的新经济时代，无形产品，如服务行业的价值正变得前所未有的重要。随着数字化技术的高速发展，旅游业正在广泛应用数字化手段。电子商务和信息化系统代表着未来旅游业系统的主要方向。

酒店业信息科技的市场竞争在 20 世纪末就已经围绕酒店信息化和智能化展开了，这是由顾客需求导致的。随着信息技术的更新，商务人员工作手段的改变使酒店顾客对网络技术的要求越来越高，他们不但需要连接网络服务，还追求随时随地在酒店里享受高效便利的语音、影像、数据传送等服务。

随着我国酒店业的日益发展，酒店管理信息系统正在被广泛了解并快速推广，逐渐成为酒店经营管理的核心之一。酒店以其高雅整洁舒适的环境、高效率的现代化管理、先进的设施，特别是酒店管理信息系统的应用所带来的良好的形象，而引人注目。面对日趋激烈的市场竞争，酒店管理人员认识到必须引入酒店管理信息系统，整合酒店信息资源，加强信息流的管理，才能提高酒店的市场竞争力。

随着科技的发展和人们生活水平的提高，顾客对酒店的要求也越来越高，这就要求酒店在系统设备上要紧跟顾客的需要，采用酒店信息化和智能化系统。因此，要想使酒店的工作质量和效率提高，采用先进的计算机网络通信技术改变酒店业务模式，实现酒店管理的信息化、自动化是必然的选择。

目前，人类生活在信息化与数字化共同发展的时代，顾客对信息化服务的需求逐步增加，酒店应把实时有用的资讯带给顾客，同时要与顾客沟通。国际连锁品牌五星级酒店更应该具有完整的信息化、智能化系统，提高酒店的品位和档次，给顾客提供一个舒适、安全、便利、休闲的生活和商务环境。但在实施中，要提高工程管理人员的素质，如果没有人的参与，再好的智能化系统设计也是达不到预期目的的。

全球经济一体化使酒店业客源更加丰富、市场更加广阔、多渠道的同时，也面临着日趋激烈的竞争环境和不断攀升的客户期望，这迫使业内人士不断寻求扩大酒店销售、改进服务质量、降低管理成本和提升顾客满意度的新法宝来增强酒店的核心竞争力。其中，最有效的手段之一就是大规模应用先进的信息化技术，变革传统意义上的酒店业竞争方式和经营管理模式，进而赢得新竞争优势。在这方面国际上领先的酒店业一直在不遗余力地探索、实施和推进。美国酒店及旅游业财务与科技专业人员协会（HFTP）的调查报告显示，先进的信息化技术已成为今后酒店获得新竞争优势的重要工具。如何借鉴、应用国际先进的信息化技术来提升国内连锁品牌酒店的经营管理，避免走弯路，已经成为酒店业管理者关注的焦点。

国际酒店业先进信息化应用的产生与发展大体上经过了以下五个阶段。

1. 电算化阶段

规模化经营的酒店作为集客房、餐饮、通信、娱乐、商务文化及其他各种服务与设施于一体的消费场所，组织庞大，服务项目多，信息量大，要想提高工作效率，降低成本，提高服务质量和管理水平，必须借助计算机来对酒店运行过程中的人流、物流、资金流和信息流进行输入、存储、处理和输出。早期的国外酒店业信息化应用正是为此而设计的，以替代手工操作为主，引入计算机电算系统，使员工可以利用该系统来处理简单、琐碎、重复性的工作。例如，财务管理人员利用计算机电算系统，可进行收银、总账、出纳管理、银行对账等；客房管理人员利用计算机电算系统，可进行可用房查询、客房统计、入住登记、收银、结账、报表生成等。这些应用对酒店实现局部科学管理、提高工作效率、改善服务质量等起到了一定的作用。但是这一阶段的信息化应用并没有从深层次上改变传统酒店业的内部管理流程，还停留于表层，仅是替代手工操作或对现有流程的计算机模拟，远未达到彻底改变竞争方式和经营管理模式的要求。

2. 自动化阶段

随着计算机在智能楼宇控制自动化和酒店设备管理监控方面的应用，酒店设备运行管理的自动化逐步走向高层次信息化应用，如暖通系统的监控、给排水系统监控、供配电与照明系统监控、火灾报警与消防联动控制、电梯运行管制、出入口控制及门禁系统等，发展成由中央管理站、各种 DDC 控制器及各类传感器、执行机构组成的能够完成多种控制及管理的智能化自动化控制系统。酒店信息化在这一阶段的另一个应用方向是酒店办公业务自动化，通过覆盖酒店管理主要业务部门的办公自动化（OA）系统，方便、快捷、准确地传递和管理文档信息。

3. 网络化阶段

以互联网和数字化经济为主要特征的信息化冲击，使网络化建设成为整个酒店业信息化建设应用中的重要组成部分，于是以宽带高速数据网络为核心的"数字化酒店"应运而生。"数字化酒店"不仅是酒店内有宽带接入线路，方便顾客在酒店内高速上网，还包含以下内容：在网上创建酒店网站可供客户浏览，提供互动式的数据查询和顾客自助服务功能，有市场销售、宣传推广、订房管理的功能；运行突破业务电算化功能的酒店管理 MIS 系统；以互联网为基础，打造方便员工的移动办公系统和面向社会的电子商务系统。这一阶段的网络应用重点是网络营销和网上实时订房业务，正所谓"网络点击，无限商机"。酒店通过网络宣传企业形象和服务，开展网上预订客房业务，让顾客了解酒店设施，选择所需要的服务远程预订。酒店与顾客通过网上互动式交流，为顾客提供更个性化的服务，这比打价格战要高明得多。顾客无论身处何地，上网就可以选择自己中意的酒店。

4. 集成化阶段

在集成化阶段，酒店业信息化步入了酒店流程再造的全新的集成化应用阶段。国际上领先的应用经验是三分软件七分实施。软件功能主要包括：宴会与销售管理、财务管理、人力资源管理、前台管理、餐饮和成本控制管理、工程设备管理、采购和仓库管理、客房服务、商业智能分析、远程数据库交换几大模块，各个模块之间无缝集成，同时还与多种酒店智能自动化系统，如门锁管理系统等有接口，与在线电子交易系统集成。七分实施主要是强调应用最佳行业业务规范进行酒店业务流程再造，将传统的组织结构向顾客导向的组织结构转变。酒店流程的再造不是为使用计算机系统而使用计算机系统，更重要的是相应地转变和理顺酒店的组织结构，使信息技术架构与酒店的新业务流程及组织的管理目标相互适应协调，形成酒店在信息时代的新竞争优势。对酒店而言，网络订房就是信息技术带来的最简单不过的变革，但任何一个现代酒店都不得不适应这种变革，从而再造酒店业务流程。

经过业务流程再造的酒店信息化应用的典型情景是：针对酒店经营管理全过程中的各个环节，计算机管理系统都有相应的功能模块来方便、快捷和规范地运转。酒店在网上宣传酒店设施、服务项目、餐饮特色、旅游景点、购物指南等卖点。顾客在网上可选择预订酒店客房和服务项目。顾客完成预订后，系统就生成了一项预订记录。顾客到达酒店，系统开始自动提示预订项目并在顾客确认后执行。顾客只要办理简单的手续就可以领取电子卡入住客房和消费项目。在住店过程中，顾客可以凭电子卡在酒店的其他部门签单消费，各种消费项目将通过系统迅速、准确地汇总到顾客账上。楼层服务员运用自动化智能技术，不用频频敲门，便可根据客房内安装的红外线安全消防监控系统，感应顾客是否在房内。客房小酒吧的自动化管理，可实现自动记账和监控，提示服务员及时补充商品。顾客结账离店后，酒店管理者通过系统生成的报表就能了解顾客的各种信息，包括顾客来源、消费项目、消费次数、需求偏好、顾客的特殊要求等。这些数据经过集成化处理后将为经营管理者制定决策提供准确的信息，使酒店管理方法逐渐由经验管理转向科学管理。良好的酒店集成化应用可以保证酒店一体化地规范、精简和加速内部的业务流程，降低运营成本，提高工作效率，并通过实时的信息来支持精确管理和战略决策。相反，如果酒店业务流程的各个环节孤立，内部没有各部门相互联通的信息平台，必然导致工作效率低下、人工成本上升、企业决策失误、市场反应速度缓慢等。

5. 协同化阶段

进入互联网新经济时代，酒店业信息化的追求是在集成化基础上的协同化应用。酒店通过互联网搭建统一的信息应用平台，并将顾客、酒店、员工、供应商、合作伙伴等连为一个整体，以实现纵览全局的跨行业、跨组织、跨地区、实时在线的、端对端数据无缝交换的业务协同运作，重点在于各方连为一体直接面向顾客提供个性化服务。随着信息时代的到来，企业的竞争方式也发生了新的变化。企业的竞争市场环境就像商业生态系统，是由一群共同生存和发展的企业组成的，它们既相互竞争资源，又必须保持生态平衡。互相竞争的各个企业之间，出现了新型的共生竞争关系：竞合。竞合关系迫使酒店业内相关的企业都要重新审视自身在市场中的定位，调整竞争战略，以相互协同运作进而达到共赢。

国际上，酒店业信息协同化应用主要糅合了企业资源管理计划（ERP）、顾客关系管理（CRM）、供应链管理（SCM）和电子商务的观点。从企业资源管理计划（ERP）的角度，优化酒店价值链，对酒店业务流程、组织结构进行再造，提升酒店管理水平；从供应链管理（SCM）的角度，实现社会资源配置最优化，控制采购成本，保障供应质量；从顾客关系管理和电子商务的角度，把酒店关注的焦点逐渐转移到顾客上来，帮助酒店最大限度地利用以顾客为中心的资源，不断开发现有顾客和潜在顾客，通过改进顾客价值、顾客满意度以及顾客的忠诚度，增强酒店的竞争优势。典型的案例是 UTELL、STERLLNG、SUMMIT 三个国际著名的订房中心合并成全球最大的销售订房中心——SUMMIT。加盟的酒店和企业接入SUMMIT 的网络进行协同运作。SUMMIT 的网络具有几大特点：第一，它的顾客层次较高；第二，它的客源多，代理了全球所有主要航空公司、旅行社和跨国商务公司的预订系统；第三，它的网络分布广，拥有遍布世界的 92 家成员酒店、52 个订房中心；第四，它的成员饭店层次较高；第五，订房渠道畅通，SUMMIT 可以通过全球销售系统（GDS）、Internet 和Travel Web 网络订房；第六，有较强的销售组织保证，SUMMIT 有分布全球的专职销售人员。

从国外酒店业信息化发展轨迹和趋势不难看出，随着酒店业竞争的加剧，酒店之间客源的争夺越来越激烈，客房销售的利润空间越来越小。酒店需要使用更有效的信息化手段，拓展经营空间，降低运营成本，提高管理和决策效率。高层次的酒店业信息化不再只是追求计算机辅助管理，而是追求建立在集成化基础上的协同化应用。

我国酒店业利用计算机管理系统来加强管理、提高服务水平，虽然至今已有 20 多年的历史，但起步较晚，只是一些浅层次应用，大多数还停留于七拼八凑的 MIS 系统水平，甚至还仅限于简单的电算化和信息发布阶段，与国际酒店业先进信息化应用的差距较大。信息化程度不高导致企业决策失误、市场反应慢等，已经成为制约我国酒店业进一步发展的重要瓶颈。我国信息化推进联盟副理事长曾说，随着酒店信息化的发展，酒店将改变以往的经营理念和竞争模式，店内装潢、客房数量、房间设施等质量竞争和价格竞争将退居其次，取而代之的是酒店信息化竞争，信息化正改变着酒店业的竞争模式。

有关人士也指出，我国要在 20 年内成为世界旅游强国，酒店信息化的发展就不能按部就班，必须树立前瞻性、超前意识，走跨越式、超常规发展之路。一般来说，直接借鉴、应用国外先进成熟的信息化案例，应遵循以下几点：

第一，要更新观念、转变态度，不能因为有畏难情绪而将国外先进信息化应用模式拒之门外，也不能在对企业现状没有清醒认识的前提下，就盲目地投入巨资，带来变革风险。

第二，先进信息化应用不能只是对现有流程的简单模拟或仅仅实现了有关数据的局部共享，而忽略了导入先进信息化应用的初衷是引进新的管理思想，改变传统管理模式，提升企业的国际竞争力。

第三，三分软件七分实施，导入先进信息化应用无异于缔造一个全新的经营管理模式，要重视优化酒店价值链，对酒店业务流程和组织结构进行再造。从酒店内部看，解决信息沟通迟缓、决策速度慢、不适应市场变化等；从酒店外部看，解决企业间缺乏明确和真正密切的协作关系、互动及时性难以得到保证等问题。

第四，要善于学习、移植和引进最佳行业业务规范和经验做法，并结合企业情况进行创新。

第五，要善于利用专家咨询队伍。在选择专家咨询队伍时，除了考虑常规的因素，如实施顾问的能力和经验外，还应重点考察是否有前瞻性、超前意识。

三、酒店信息化管理

在今后几年内，数字信息技术产品在我国酒店业的应用将达到高峰，最大市场容量高达2300 亿元。庞大的市场牢牢吸引了数字信息技术相关行业，中国电信推出"完美酒店联盟"，清华同方推出"数字化酒店"系统，惠普鹏博士合作推广"酒店数码 e 房"，康佳推出"康佳视讯"等。电信霸主、IT 巨头、知名家电企业先后入市，酒店信息化行业竞争迅速白热化。

酒店信息化是一个集计算机技术、信息技术、网络通信技术、数字语音技术、多媒体技术和酒店科学管理为一体的，以节省运营成本、提高运营质量，给顾客带来高质量服务的技术手段。现代酒店信息化、智慧化系统整体框架结构如图1-1所示。信息化的快速发展使人们的需求发生了变化。生活在信息化时代的顾客对酒店信息化提出了更高的要求，他们不但需要网络服务，更追求能随时随地在酒店内享用高效便利、防护严密的语音、影像及数据传送等功能。

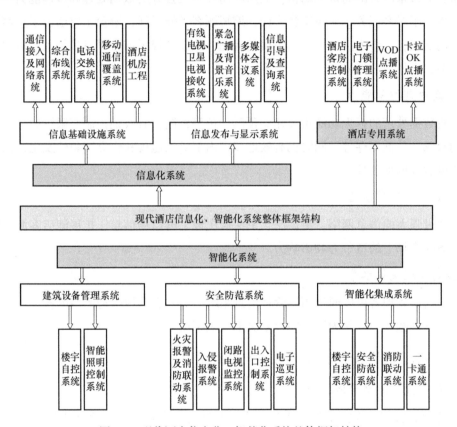

图1-1 现代酒店信息化、智慧化系统整体框架结构

然而，业内人士认为，现在的酒店并不能完全满足顾客的需求。酒店信息化不止是一种服务工具，更是一个服务平台。酒店信息化是酒店的发展方向，而信息化服务平台则是酒店信息化发展的方向。

（一）酒店信息化的主要目的

1. 提高酒店的管理效益及经济效益

酒店管理信息系统通过节省大量的人力、物力，增加酒店的服务项目，提高酒店的服务档次，减少管理上的漏洞，从整体上提高酒店的经济效益。例如，完善的预订功能可防止有房不能住或满房重订的情况出现，可随时提供准确的房间使用和预订情况，从而提高客房的入住率。顾客费用的直接记账，可有效防止逃账的发生。完善的分析功能可用于市场销售，如确定宣传的重点地区和如何掌握价格的浮动等。酒店管理信息系统能正确控制房价，控制顾客优惠，从而减少管理漏洞，提高客房收入。

2. 提高酒店管理综合服务水平

现代社会科技发展速度迅猛，人们对于物质、精神享受的要求也越来越高，良好的服务往往会给企业带来巨大的商机和财富。酒店利用计算机强大的数据处理和传递能力，将更多的人力资源用于对客服务，减少工作失误，缩短顾客等候时间，避免了以前由于顾客数量多而造成时间延误，工作人员处理数据失误的问题，从而减轻了前台服务员的工作压力，提高了工作效率，也使顾客的满意度逐渐上升。

3. 提高内部控制能力

计算机数据处理的强大功能可以建立预测、预警机制，有效地控制有限资源，如客房分配、信用限额、最低库存等。同时也有效地减少内部员工违规和作弊现象的发生，保证员工的各项年度测评的准确性。

4. 提高市场运作能力

酒店通过强大的信息网络，更广泛、更深层次地了解市场信息，扩展酒店客源，从而加强酒店服务在市场上的竞争力和影响力。

5. 提高管理决策水平

酒店的高层管理者可以通过酒店管理信息系统，更加有效地管理酒店的各种业务，快捷方便地查询各种数据，以便为酒店的计划决策提供帮助。

（二）酒店开展信息化管理的重要性与必要性

1. 有利于提升酒店经济效益

传统的酒店管理工作需要耗费大量的人力与物力，所以酒店管理成本比较高，这就在一定程度上影响了酒店的整体经济效益。酒店信息化管理能够优化酒店管理流程，实现实时数据自动更新，从而降低酒店管理人员的成本，保证酒店资金链更好地运转。同时信息化管理还在一定程度上提升了管理工作的科学性，防止因管理方面的错误导致酒店经济损失。

2. 有利于提升酒店核心竞争力

酒店属于服务性企业，所以在评价一家酒店是否成功时，必然会考虑酒店为顾客提供的服务水平。酒店服务水平直接影响酒店的核心竞争力。酒店开展信息化管理能够实现相关信息的实时更新，为顾客提供更加准确、及时的信息，从而为顾客提供更加优质的服务，提升顾客服务体验。

3. 酒店信息化管理是社会发展的必然趋势

随着我国经济、社会的不断进步与发展，酒店业蓬勃发展。酒店的数量和规模不断扩大，酒店管理工作也面临着更多的问题和更大的挑战。在这样的背景下，酒店各个方面都需要升级，酒店管理必然要引入新的管理理念，采用新的管理方式来提升管理水平。

(三) 现阶段酒店信息化管理存在的主要问题

1. 信息化管理效率低下

现阶段，随着信息科技的发展和普及，我国大部分酒店引进了信息化管理系统，取代了传统人工手记的信息化管理方式，这在一定程度上提升了酒店信息的管理水平。但是大部分酒店在实际工作中无法有效利用信息管理系统，导致信息管理系统中的很多功能没有得到应用，从而影响了酒店管理效率与酒店管理质量。这不仅会对酒店管理工作造成不良影响，还会对酒店的整体发展造成影响。

2. 没有制定可持续发展的长期战略

在各方面因素的综合影响下，近年来我国酒店业快速发展。但是从整体上来讲，与发达国家相比我国酒店业起步较晚，所以在经营和管理方面还存在很多问题。就实际情况而言，我国大部分酒店的规模比较小，这就导致存在设施不健全的问题，同时在酒店发展规划以及酒店管理方面缺乏长远计划，这对酒店的管理工作来说是十分不利的，会影响信息化管理系统的应用与完善。另外，部分酒店未将信息化管理列入发展的重点，导致酒店对信息化管理系统设置的资金投入不够，从而影响了酒店信息化管理的整体水平。

3. 信息化管理人才缺乏

在酒店信息化管理工作中，管理者与实际工作人员起着决定性的作用。但是部分酒店并不重视信息化管理人才的引进与培养，通常直接选派酒店其他部门的工作人员开展信息化管理工作。这样就会在很大程度上降低酒店信息化管理的专业度，在实际工作出现问题时，这些工作人员无法给出专业的解决方案，从而影响管理工作。另外，随着酒店的不断发展，酒店信息化管理系统需要不断完善，如果缺乏专业的人才，系统就无法进一步完善，实际的运营管理工作也就无法更进一步。

4. 信息网络系统不完善

在酒店信息化管理工作中，核心的力量就是信息网络系统。但就目前情况而言，我国大部分酒店的信息网络系统存在水平低、不完善等问题。首先是软件不统一，各个酒店的信息网络系统不同，这就影响行业的统一管理。其次是酒店信息网络设施不完善，导致信息网络系统不稳定，无法为酒店管理工作提供更好的帮助。

(四) 解决酒店信息化管理问题的对策

1. 创新经营模式，提升管理效率

在酒店业快速发展的形势下，酒店经营模式与管理方式都必须创新，以适应行业发展。

酒店必须冲破固有"管制"思维，充分利用信息技术完善管理工作流程，加大对员工的管理和监督，从而提升服务水平。另外，酒店管理工作流程优化后，还能在一定程度上节约管理成本，提升整体经济效益。此外，酒店在利用酒店管理信息系统提升酒店管理效率与各方面服务水平时，要重视系统本身的完善，进而提升酒店信息化管理效率。

2. 重视信息管理系统，制定可持续发展战略

要想促进酒店的长期稳定发展，酒店管理者必须从思想意识上重视长期发展计划的制订。酒店管理者要有长远的目光，要看到酒店行业在未来的发展中会朝着多项目经营方向发展。酒店管理者在制定可持续发展战略时，可以应用酒店信息管理系统，对客户群体、酒店现阶段发展状况以及未来发展情况进行分析和预测，利用信息管理系统为发展计划的制订提供科学的数据支撑。为保证分析预测结果准确，酒店需要对信息管理系统进行持续性开发，不断升级和完善系统。

3. 打造一支优秀的信息化管理人才队伍

酒店在发展过程中要针对信息化人才缺乏的问题，立足于实际情况打造一支优秀的信息化管理人才队伍。首先，酒店要重视人才引进，加大信息化管理人才引进的资金投入，吸纳专业的信息管理人才。这样能够快速提升酒店信息化管理水平，在实际工作中遇到问题时能够由专业人才提出专业的解决方法。其次，酒店要加强管理人员的培训，针对信息化系统的使用开展培训工作，提升员工的知识技能水平。由于酒店信息管理系统会不断更新，所以信息技术培训工作要长期开展，定期组织酒店管理人员参与培训。最后，酒店管理者可以通过薪酬制度以及绩效制度的调整，提升信息化管理相关工作人员的工作积极性。

4. 对酒店信息管理系统进行完善和升级

随着信息技术的不断发展，我国酒店行业的信息管理工作也步入正轨，各酒店都积极开展信息化管理。但是大部分酒店在实际的信息化管理工作中存在一个明显的问题，即信息管理系统不完善。要想解决这个问题，酒店要对信息软件进行统一，以方便员工应用于管理。目前，发达国家酒店行业的"中央全球预订网"十分流行，优势明显。我国酒店企业要根据实际情况建立和完善中央预订系统，为顾客提供更加优质的服务，要对酒店信息管理系统相关设施进行完善，保证系统的完整性与科学性。

第三节　信息化对酒店业的影响

随着信息化在酒店业中的普及和应用，新的技术平台、新的技术特点不断涌现，适合我国酒店行业特点的信息系统正在慢慢进入更多的酒店，这使我国酒店管理信息系统进入了一个新的发展时期。

然而，对国内一星、二星级甚至部分三星级酒店来说，信息环境的建设和应用还处在起

步阶段,即使是五星级酒店,信息化管理的进程与客户对酒店的需求也还有相当的距离。我国酒店业信息化程度较低,在很大程度上阻碍了酒店在网络时代的营销拓展,影响了酒店经营绩效与竞争能力的提升。可以说,距离完善的信息化管理,我国大部分酒店还有很大差距。例如,酒店经营者对信息化建设与影响的意识落后,酒店业劳动密集型与 IT 行业技术密集型的行业之间的差异,酒店对信息化理解的千差万别与 IT 公司各自为政的解决方案的矛盾,IT 公司对酒店行业信息服务的不到位等。但无论如何,在今后的酒店业发展中,竞争将主要在智能化、信息化方面展开,店内装潢、客房数量、房间设施等质量竞争和价格竞争将退居二线。

电子商务对酒店而言,盈利是根本,若要加快酒店业的信息化进程就应当首先从能够为酒店创造或提高经济效益的项目着手。酒店业建立一个基于互联网的全球客房预订网络系统,已不再是难事。无论集团酒店、连锁酒店还是独立的酒店都可以成为该系统的成员,并且享用全球网络分房系统。全球网络分房系统,可以通过 Interface(接口)接入,让旅行社团、会议团队、散客都可以利用计算机直接访问该系统,从中得到某酒店的详细资料,包括酒店的出租情况。

信息化对酒店业的影响主要表现在如下几个方面:

1)智能管理。"酒店智能管理"作为一个综合概念,给酒店业带来经营管理理念的巨大变革。这一变革要经过不断地建设和发展,渐渐形成一个包含数据采集、信息保存、信息处理、传输控制等信息的数据库。这些信息库的建立将成为酒店信息化管理和办公自动化的重要基础。从前台顾客入住登记、结账到后台的财务管理系统、人事管理系统、采购管理系统、仓库管理系统都将与智能管理系统连接融合构成一套完整的酒店信息化体系。

2)个性化服务。服务业现代化的一个重要内容,就是要实现"个性化服务"。例如,酒店的会议室采用可视电话系统,可以使用跨全球同时同声传影传音翻译;基于客户管理而积累和建立的"常住顾客信息库"记录了每位顾客的个人喜好,客房智能控制系统将根据数据库中的信息实现:光线唤醒,由于许多人习惯根据光线而不是闹铃声起床,唤醒系统将会在顾客设定的唤醒时间前半小时逐渐自动拉开窗帘或增强房间内的灯光;无匙门锁系统,以指纹或视网膜鉴定顾客的身份;虚拟现实的窗户,给顾客提供自己选择的窗外风景;自动感应系统、窗外光线、电视亮度、音响音量和室内温度以及浴室水温等可以根据每个顾客的喜好自动调节。

3)创新营销手段。随着网络技术的进一步发展,各种基于网络的应用业务如雨后春笋般地发展起来,例如网上银行、远程教育、远程医疗、视频新闻报道等。方便、快捷、高效的电子商务更以惊人的速度发展。对于酒店业而言,电子商务将成为最具经济价值和发展潜力的业务。通过网络,酒店不仅可以宣传自己,提高知名度和企业形象,而且可以扩大销售渠道,使酒店有能力适应新一轮竞争,不会被淘汰。所以,计算机信息化在酒店业中的应用会越来越广泛,网络信息化系统管理也会越来越完善,越来越适应人们的需求。

4）门禁、消费实现"一卡通"。可利用智能卡作为信息载体，通过与相应的计算机管理软件相结合，使持卡顾客在酒店内能够用一张卡方便地完成进出房门、消费娱乐、挂账结算等活动，为顾客提供方便、快捷的服务。"一卡通"系统简化了结账手续，控制了内部的现金流通，严格控制进入房屋，对酒店规范服务、保安的安全管理大有益处。

5）为财务提供严密的账务系统。顾客在酒店任意消费点消费时，系统自动显示该顾客的账上余额，对于顾客超限消费自动报警，提示补交押金。所有的消费单实时汇总到顾客的账号上，避免漏账，并提供超限顾客的自动电话语音催缴。

6）为顾客提供快捷、细致、周到的服务。酒店业竞争的焦点越来越聚集在酒店的服务质量上。高档酒店的衡量标准首先是有一个标准的客房流程（顾客的入住、在住和离店三个阶段），为顾客提供快捷、细致、周到的服务。

信息技术对酒店集团化的影响是全方位的。没有信息系统与现代技术的酒店，要进行集团化发展是不可能的。酒店只有朝信息化方向发展，才能跟得上时代的步伐。

一、信息化对酒店客户管理战略的影响

首先，在酒店信息整合的过程中，由于顾客信息量较大，酒店可以考虑针对不同类型顾客采取不同的信息录入途径，变分散为集中，以提高提取顾客信息的效率。信息技术对酒店客户数据的传输、统计和分析，方便了管理者和信息利用人员进行分析和追踪，提高了客户关系管理的效率，从而巩固了酒店的核心客户。

其次，建立完善的客户信息数据库，目的是从不同的信息渠道中搜集客户数据资料，对数据进行存储及分析。其中部分数据来自酒店信息管理系统，但更多的数据要依靠酒店员工关注顾客的需求而获得。酒店行业作为服务业的典型，客户追踪是信息管理的一个非常重要的手段，不但有利于酒店及时更新客户信息，为客户再次光临酒店时提供个性化服务提供帮助，而且可以通过适时地关怀来加强酒店与顾客的情感联系，使顾客增加对酒店的满意度，避免顾客被竞争对手抢走。

最后，在分类管理中，信息技术起着重要的作用。在分类管理的基础上，完善信息沟通渠道。在核心客户和散户、旅游团队、商务团队和行政团队等分类的基础上，安排专门的信息沟通人员，及时将与客户相关的信息进行有针对性的传递，并征求相关的意见或建议，形成一种互动的沟通模式。这样一是可以过滤掉与该客户或客户群体无效的信息，获得客户的好感，提升客户满意度；二是可以有效地节约成本。

二、信息化对酒店组织结构的影响

首先，一般情况下酒店的组织结构如图1-2所示。任何人在酒店公共区域都可以轻松地获取所需要并且被允许获取的信息，彰显酒店信息化的形象。

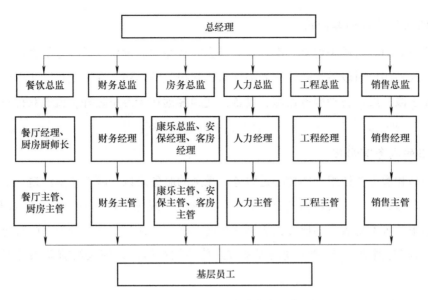

图 1-2 酒店的组织结构

其次，提升运营管理。

最后，随时随地管理。酒店管理信息系统是酒店数据管理的核心，关系着酒店运营的成败。信息化的酒店管理系统适应了信息化潮流，给酒店带来了便利的同时，也节约了大量成本。把一些复杂的功能优化再优化，简单再简单，一般操作人员和领导看到的软件往往是操作非常简便的前台，只有系统管理员或具有一定应用水平的客户才能看到软件灵活开放的后台，这样就实现了酒店管理信息系统最大的优化，酒店管理信息系统应用如图 1-3 所示。

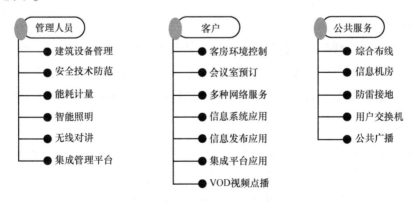

图 1-3 酒店管理信息系统应用

三、信息化对酒店营销方式的影响

网络已成为越来越多的消费者获取和发布信息的重要渠道。网络营销相对传统营销是一种新方式。

1. 把酒店展示在顾客面前

网络营销对酒店营销来说是一次创新。过去顾客在酒店消费之后，才能真正了解其服务水平，所形成的印象对以后是否再次光临该酒店起很大的作用。在网上，酒店可以综合运用各种多媒体手段，展示各种服务设施、设备，使顾客远在千万里之外，就能获得身临其境的感觉。

2. 无形的服务有形化

酒店产品和服务整体组合的核心是服务，无形的服务难以让顾客了解清楚，如何使无形的服务变得有形，一直是决定营销效果的重要因素。多媒体手段使酒店可以将内部的环境、礼貌周到的服务等不易表现的成分拍成影片在网上播放，让浏览网站的潜在顾客对酒店进行"虚拟现实旅游与消费"，这种生动的促销方式使他们在做出入住决策前就感受到了酒店的优质服务。

3. 预先体验代替了顾客的猜测和疑虑

酒店通过网络与顾客互动，顾客预先"享受"到了酒店的优质服务，使其原先的猜测与疑虑化于无形之中。同时，顾客也从预先的体验中形成了对酒店服务的正确期望，在顾客光临酒店后，如果这种正确期望与酒店的服务相符合，就会提高顾客的满意度。

4. 因人而异的产品和服务整体组合给顾客留下了深刻的印象

酒店与顾客的直接互动使顾客了解了酒店，同时酒店也了解了每一位顾客的真实需求，这样酒店就可以提供定制化服务，可降低成本。不仅如此，酒店还可以根据顾客以往的需求信息，不断为其提供经过精心挑选的，可能令其感兴趣的产品和服务，吸引其再次光临。

5. 网络利益

网络会产生顾客的利益和社会效益。例如，某人曾经在某酒店入住，该酒店会保留那个人的入住记录，只要他再次在那家酒店入住就会给一些礼遇，如优先选择位置好的房间、升级房型等。酒店的这些细致的服务，赢得了顾客的信赖，也为酒店赢得了长远的利益。

6. 网上促销

旅行社是酒店客房销售的最大中间商，它们从中赚取了酒店的一部分利润。通过网络，酒店可以向顾客直接销售产品和在线提供服务（如旅游线路等信息）。从这种意义上说，传统的中介被取代了，这样酒店就可以绕过旅行社，直接从顾客那里获得订单，这也为酒店提供了降价空间，转让顾客价值。

总之，利用网络对酒店营销实行管理，可以通过管理酒店与客户之间的互动关系，向酒店的销售、市场和服务等部门和人员提供全面、个性化的客户资料，目的在于了解客户的真实需求，提高客户的忠诚度，并对有价值的客户进行有针对性的营销，同时实现对潜在客户的挖掘，可以全方位地提高酒店客户关系管理水平。

四、信息化给酒店经营带来的影响

信息化的实质就是将酒店的对客服务、物料移动、事务处理、现金流动、客户交换等业务过程数字化、标准化。网络信息技术在旅游酒店中的广泛运用，使酒店无论是在内部管理还是在外部营销等方面都发生了显著的变化。

（一）硬件设施智能化

支持酒店管理信息系统的硬件设施是涉外旅游酒店星级评定的一个重要指标。随着信息技术的快速发展，电子化、智能化、网络化的先进设施设备开始出现在现代化酒店中。例如，磁卡锁、感应卡锁、指纹触摸锁等各种安全性更高，含有高新技术的电子门锁取代了以往的弹子机械锁。除此之外，集合了计算机存储与控制技术、宽带网络技术、数字通信技术等现代化信息技术的 VOD（Video On Demand，视频点播技术，也称交互式电视点播系统）也成为酒店向信息化迈进的重要技术支持。

（二）销代环节，过程简约化

在网络技术还没出现以前，旅游者的需求满足要通过"旅游代理商—零代商—批发商，设计与生产服务产品—组团社—接待社—酒店—旅游者"这样一个相当长的流通环节。信息管理系统的使用极大地减少了旅游者与旅行社、酒店之间的信息传递时间与费用，旅游服务从需求的产生到满足的环节大幅度减少。典型的例子是"旅游者（通过网络）提出需求—酒店提供相应服务—旅游者评价"。又如，酒店通过餐饮管理软件在从点菜、厨房分单到条码划菜、结账等环节全方位、智能化管理的基础上，又开始采用掌上无线点菜系统，使1 到 3 个服务员就可以准确无误地完成原来需要 6 至 8 个人完成的工作，这不仅大大降低了人力资本，还大大提高了工作效率。

（三）预订系统多元化、一体化

目前，CRS（Central Reservation System，中央预订系统）、GDS（Global Distribution System，联合分销系统）与物联网销代在酒店业成三足鼎立之势。随着信息技术的不断完善，三者最终将连为一体。其中，CRS 与 GDS 已经出现相互渗透和融合的迹象。CDS 与各个酒店集团的 CRS 一起参与酒店客房的分销环节。旅游者通过各个互联网平台预订酒店产品和服务，经过 GDS 的数据处理后，预订信息直接进入酒店集团各自的预订系统。万联网的飞速发展与普及使旅游电子商务出现迅速增长的势头。大多数 GDS 在继续保持原先的分销渠道和供应商的同时，积极开拓网上市场，开发自己与顾客直接联系的渠道，或者与万联网服务供应商建立伙伴关系。

（四）对客服务个性化

互联网高速化、互动式的特点，改变了酒店过去受空间、时间限制的服务方式和服务效率。过去许多需要中间商如旅行社、航空公司的介入才能完成的工作，现在可以通过酒店的信息管理系统来完成。一方面这使顾客有了更充分的信息来源，顾客选择酒店产品的范围扩大了。另一方面，酒店从中获得了更强大的信息处理和传输能力，可以更加深入、细致地进行市场调研和市场细分，建立详细的客户档案，记录曾经接待过的每一位顾客在房间类型、朝向、餐饮口味等各方面的禁忌或是偏好，从而可以不受空间、时间限制，及时满足消费者的个性化、特殊化的需求，实现"一对一"的特定营销。

（五）市场竞争全球化

信息技术的迅猛发展使酒店业在全球范围内面临更加激烈的竞争。互联网的开放性、国际性和多媒体性使酒店的经营范围扩大到全球。电子商务扩大了酒店业的竞争领域，从常规的广告、促销手段、产品设计等领域的竞争扩大到无形的虚拟竞争空间，这也为酒店提供了一个更为广阔、更具潜力的领域。

第四节　酒店信息化建设

一、酒店信息化建设的内容

（一）发展历史

20世纪50年代中期到60年代初期发达国家经济发展迅速，企业竞争激烈，管理所需的信息量剧增，人工处理已不能满足管理对信息的需求。计算机技术已发展到第二代，具备了进行组织内部信息处理的可能性。信息化建设最先用于处理数据量较大的财务部门，主要是对工资、账单、财务报表等进行处理，它的信息管理性质、方法和工作流程完全模仿原来的手工方式。

20世纪60年代，计算机开始用于业务处理，使很多业务处理自动化，企业内部积累了许多资料。人们将这些经验用于管理方面，即产生了管理信息系统（Management Information System，MIS）。第三、第四代计算机的出现，为管理信息系统的发展提供了坚实的物质基础。

20世纪70年代初期到70年代中期，是管理信息系统的完善时期，在理论和方法上都取得了巨大的发展，主要内容有：建立了管理信息系统的规划方法，强调系统化、工程化以及系统开发思想在软件中的应用；主张企业把系统的筹建、组织、设计、开发直至运行均列入计划；建立管理信息系统分析和设计理论，强调对系统进行结构化分析、设计；建立管理信息系统的组织理论，企业的组织结构会影响信息系统的建立，反之亦然。

20世纪，随着全球经济的蓬勃发展，众多经济学家纷纷提出了新的管理理论。20世纪

50 年代，赫伯特·西蒙（Herbert A. Simon）提出管理依赖于信息和决策的思想。同时期的诺伯特·维纳（Norbert Wiener）发表了控制论，他认为管理是一个过程。这个时期，计算机开始用于会计工作，出现数据处理一词。

1970 年，沃尔特·肯尼维（Walter T. Kennevan）给刚刚出现的管理信息系统一词下了一个定义：以口头或书面的形式，在合适的时间向经理、职员以及外界人员提供过去的、现在的、预测未来的有关企业内部及其环境的信息，以帮助他们进行决策。这个定义强调了用信息支持决策，但并没有强调应用模型，没有提到计算机的应用。

1985 年，管理信息系统的创始人、明尼苏达大学的管理学教授戈登·戴维斯（Gordon B. Davis）给管理信息系统下了一个较完整的定义，即管理信息系统是一个利用计算机软硬件资源，手工作业，进行分析、计划、控制和决策的数据库人机系统。它能提供信息，支持企业或组织的运行管理和决策功能。这个定义全面地说明了管理信息系统的目标、功能和组成，而且反映了管理信息系统在当时达到的水平。

（二）管理信息系统的概念

管理信息系统是一个以人为主导，利用计算机硬件、软件、网络通信设备以及其他办公设备，进行信息的收集、传输、加工、储存、更新、拓展和维护的系统。

管理信息系统，从字面上理解就是用于管理的计算机系统，或者说用传统的方式，通过信息媒介控制达到管理的目的。管理信息系统由三个概念元素组成，即管理、组织和技术。

管理信息系统是一个不断发展的新型学科，它的定义随着计算机技术和通信技术的进步也在不断更新。在现阶段普遍认为管理信息系统，是由人和计算机设备或其他信息处理手段组成并用于管理信息的系统，管理信息由信息的采集、信息的传递、信息的储存、信息的加工、信息的维护和信息的使用六个方面组成。

完善的管理信息系统具有以下四个标准：确定的信息需求、信息的可采集与可加工、可以通过程序为管理人员提供信息、可以对信息进行管理。

信息化在旅游业的应用形式就是旅游电子商务，这已经是旅游业的一个重要发展方向，成为旅游业参与国际市场竞争的重要手段。作为旅游市场主体之一的酒店业，也运用了信息系统对业务操作流程、组织架构、管理模式进行了一系列的革新和再造，取得了很大的成果。

酒店信息化是一个集计算机技术、信息技术、网络通信技术、数字语音技术、多媒体技术和酒店科学管理为一体的，以达到节省运营成本、提高运营质量，给顾客带来高质量服务的技术手段。

酒店信息化发展主要分为三大应用领域：第一，为酒店管理者、决策者提供及时、准确地掌握酒店经营各个环节情况的信息技术；第二，针对酒店的经营，为节省运营成本、提高运营质量和管理效率的信息化管理和控制技术；第三，直接面对顾客所提供的信息化服务，如点餐系统、餐费结算系统等。

酒店信息化作为一个综合概念，给酒店业带来经营管理理念的巨大变革。这一变革要经过不断的建设与发展，渐渐形成一个包括数据采集、信息保存、信息处理、传输控制等多位一体的信息库。这个信息库的建立将成为酒店信息化管理和办公自动化的重要基础。从前台顾客入住登记、结账到后台的财务管理系统、人事管理系统、采购管理系统、仓库管理系统都将与智能管理系统连接，构成一套完整的酒店信息化体系。

酒店信息化建设的主要领域包括：会计电算化、进销存管理、人力资源管理、供应链管理、生产管理、客户关系管理、计算机辅助设计、办公自动化和电子商务等方面，涵盖了基础语音、酒店管理、餐饮收银管理、客户服务、办公自动化、邮件、无纸化传真等系统。

管理信息系统把提高信息处理速度和质量扩大到组织的各个部门。可以减少管理费用，增强组织各职能部门的管理能力。强调数据的深层次开发利用。强调系统对生产经营过程的预测和控制作用。

例如，事务处理系统（Transaction Processing System）。事务处理系统又称电子数据处理系统（Electronic Data Processing System，EDPS）。它主要是为组织作业层服务，是执行和记录从事经营活动所必需的日常交易的计算机化系统。计算机在信息处理领域的应用发展并没有取得人们所期望的效益，它只是在效率上有所提高。事务处理系统充分利用了计算机对数据进行快速运算和大量存储的能力，因此它是基层管理者的得力助手。

再比如，知识工作系统或办公自动化系统（Knowledge Word System 或 Office Automation System）。知识工作系统主要是辅助知识工人。办公自动化系统主要是辅助数据工人（知识工人也大量使用）。数据工人通常处理信息而不是创造信息。办公自动化系统的作用是通过支持办公室的协调与交流来提高办公室数据工人的生产效率，协调各类信息人员、各个部门和各种职能领域。

（三）酒店信息化需求

酒店信息化管理是指利用现代信息技术支持酒店的经营、管理和决策。随着我国酒店业的蓬勃发展，越来越多的酒店利用信息技术来提高自身的管理水平，把传统酒店与现代信息化管理有机地结合在一起，为酒店做大、做强、管理规范化起到至关重要的作用。酒店的管理目的是成本控制、运营控制，其最终结果表现为效率和效益。要达到这一目的，管理数据的及时性、准确性、完整性、有效性是至关重要的，而这些特性恰恰是信息系统最重要的特点。

在酒店行业中，酒店信息化正成为时下一个响当当的口号。科技不断给酒店业带来新的活力。网络预订系统让顾客可以跨区域进行房间预订，宽带网络让商务顾客可以在房间里与客户随意交流，客房智能化的设计给顾客提供了更为便捷的服务。今天，酒店业已经不再局限于传统的价格竞争，而是变为各酒店集团连锁品牌的树立和运用网络系统进行整体营销的竞争。今后，酒店业的竞争将主要在智能化、信息化方面展开。

酒店信息化的发展趋势主要体现在以下应用层面：一是使酒店管理者、决策者及时准确地掌握酒店经营各个环节的信息；二是为酒店业节省运营成本、提高运营质量和管理效率；三是直接面对顾客提供信息化服务。

酒店要想实现信息化，就要先具备数据采集、信息保存、信息处理、传输控制等信息处理能力。这将成为酒店信息化管理和办公自动化的重要基础。从前台顾客入住登记、结账到后台的财务管理系统、人事管理系统、采购管理系统、仓库管理系统都将与智能管理系统连接，构成一套完整的酒店信息化科学体系。不同类别、不同管理模式的酒店需求是不同的，如何根据不同的酒店需求为酒店提供合适的信息化系统，对酒店科技配套也是一项挑战。

值得注意的是，酒店需要更实用的科技产品为酒店经营提供服务，否则往往是酒店花费很多却不尽如人意。酒店最终是要保持一定的入住率，提高营业收入，使利润最大化，信息系统也应该建立在为顾客服务的基础之上。因此，酒店应结合自身的竞争优势制订信息化计划，要与自身的市场定位相吻合、与自身的管理需求相匹配、与自身的发展战略相一致。

随着供大于求市场格局的形成和客户需求个性化趋势的发展，酒店客源市场细分化的经营理念向纵深发展。高度细分化意味着酒店面向更有针对性的客户群，客户也从细分市场中获得了较大的满足。

信息化酒店根据用途和特点可分为以下不同类型：

商务型信息化酒店。这类酒店以接待商务客户和公务办事员为主，包括一些观光者、散客、会议参加者等，一般都建在大城市的市区。酒店基础设施条件好，服务水平也是同行业的佼佼者。

公寓型信息化酒店。这类酒店集家庭功能与办公功能于一体，以接待家庭成员和商务或公务办事人员为主。

度假型信息化酒店。这类酒店主要接待旅游度假者和疗养者，通常坐落在风景名胜区，主要依靠各种娱乐体育健身项目来吸引顾客。度假型酒店的客源具有较强的季节性，给经营管理带来了一定程度的不利影响。

会议型信息化酒店。这类酒店主要接待各种会议团体，根据自己的规模、档次和客源对象的不同配备多样化的会议设施，有的还拥有自己的会议中心，以满足大规模会务活动的需要。

二、酒店信息化建设过程中存在的问题

随着信息技术广泛应用于酒店服务业，酒店的经营方式和管理方式都发生了变革。但是就像任何一个创新与变革一样，酒店业在推行信息化的过程中也必然会遇到一些问题和阻力。

1）信息化程度不均衡。就全球范围而言，发展中国家酒店业的信息化进程要落后于欧美发达国家；就行业结构而言，低星级、经济型酒店的信息化进程要远远落后于高星级、商

务型酒店。

2）员工素质偏低，不能很好地跟上信息化的脚步。一些发展中国家，酒店从业人员的素质目前仍普遍较低，不能很快适应信息化带来的新变化，也不能很好地掌握这些新技术，使用这些新设备。所以酒店需要帮助这部分员工尽快转变观念，通过培训等方式帮助他们尽快掌握这些信息技术、网络技术。

3）还没有形成一支专业的信息网络管理队伍。建立信息网络系统，除了有行政组织机构外，还必须有一支精明强干的信息队伍。这支队伍的素质要求较高，要有一定的专业知识，更要具备计算机的应用能力和外语水平，要掌握一定的自然科学和社会科学的知识，对情报信息学、信息工作的规律和方法、信息管理等有一定的了解。但是，目前我国很多酒店把信息网络管理这项复杂的系统工程简单地等同于计算机网络建设和维护，把这项工作简单地划归酒店"电脑房"统一管理，对其重要性和在酒店中的地位也缺乏足够的认识，所以这方面的工作还没有形成一支专门的、专业的、高素质的信息管理团队，要培养这样一支高水平的队伍，仍需一段时间。

在酒店信息化建设上，大多数酒店只重视硬件的高档配置，而很少考虑未来和实际发展的需要，同时在员工操作技能培训上不够重视，除了少数高档次、大型饭店和饭店集团外，很少配备专业计算机网络人才，对系统的开发缺乏专业论证，总想一步到位。存在以下四个方面的问题：第一，绝大多数是没有将酒店电脑管理系统与酒店的发展战略结合起来；第二，许多酒店的计算机管理系统根本不适合酒店自身的实际管理需要，只是因为看到别的酒店有系统自己也盲目跟风，这样做极大地浪费了酒店的资源；第三，一些酒店以为买了一套酒店管理信息系统就可以把酒店管理好了，而这种美好的愿望通常都是不现实的。因为很多开发酒店管理软件的公司或者个人其实是不懂酒店管理专业知识的，所以他们提供的酒店管理软件无法帮助酒店管理者进行管理；第四，所买软件的开发商的实力差，不能保证酒店正常的售后服务，不能达到酒店对软件进行修改的要求，更有甚者卖了软件后就联系不上了。

当前，酒店信息化建设在技术层面获得了突破性进展，但是，发展仍处于初级阶段，主要存在以下问题：

（一）简单复制，产品趋同

新技术不断出现，但酒店业大多缺乏相应的善于挖掘和应用新技术的管理人员，导致不少酒店对"酒店信息化"的概念依然模糊，甚至停留在装修和设备升级层面；有的酒店缺乏长远规划，试图通过简单复制，追求安装各种信息设备、系统以迎合时代技术潮流，但并不了解系统的使用条件，业务流程没有及时跟进调整，导致智慧技术、系统和设备无法发挥应有的作用。

（二）投入不足，体验不佳

由于酒店经营面临一些困难，导致酒店对产品更新、新技术应用、服务手段提升方面缺少资金支撑，投入严重不足。由于投入不到位，信息系统不成体系，使用不够便捷，质量问题不断，信息化建设的改善并没有给酒店带来营收的增加或顾客体验的明显提升。

（三）追求营销，忽视服务

不少酒店热衷于利用互联网、移动设备、微信、大数据等新技术进行品牌推广、产品营销，忽视了智慧服务才是智慧酒店建设的落脚点，是提升顾客体验、增加顾客黏性的关键所在。有的酒店在营销过程中过度使用红外感应技术、定位系统和无线网络系统等，不注意客户隐私保护，导致客户流失。

从市场销售角度来说，IT系统是最大众化、最经济的信息传播手段；就管理而言，最好的管理就是通过IT系统实现的；要提高酒店集团竞争力，同样需要IT系统，甚至连企业文化建设都离不开IT系统。信息技术正在成为推进酒店集团化发展战略的原动力。信息技术对酒店集团化的影响，简单来说，是全方位的。没有信息系统与现代技术的酒店，要进行集团化发展是不可能的。

首先，从市场销售角度来说，酒店行业的特点（也是它与其他产业最大的不同点）在于需要把顾客请到酒店来消费，而不能把酒店送到顾客那里去。在各行各业都充满着竞争的时代背景下，更需要把酒店的品牌信息和产品信息让顾客知道。毫无疑问，要想达到这个目的，IT系统是最好的解决方案，也是最大众化、最经济的信息传播手段。

其次，就管理而言，酒店集团化发展必然会涉及酒店数量的增加。酒店集团需要对酒店进行规范管理，通过IT系统就能够实现集团化管理。如果没有IT系统的话，可能这样的管理与控制很困难。

再次，就提升整个酒店集团的竞争力，包括提高集团内部的单个酒店竞争力而言，也需要IT系统。面对激烈的竞争，提升竞争力最有效的办法是提高效率，深入管理，细化服务。几十年前，酒店业强调的是逐级管理，层次很多，管理人员数量较多，这就造成了效率低且没有竞争力。现在，提升竞争力要求酒店的管理团队、管理机构扁平化，这种扁平化是建立在现代技术基础上的。走在市场前列的有竞争力的企业，对现代技术应用得很好，给其他企业造成了很大的竞争压力。

大量的酒店，其管理水平不错，经营能力也可以，但效率低，各方面经营成本高，竞争力弱。特别是未来，行业竞争越来越激烈，各方面的资本和经营实体都想进入酒店这个行业，因此酒店需要联合，需要集团化发展。

现在酒店很多系统都停留在内部使用，实际上这是很小的范围。复星旅文集团旗下的三亚亚特兰蒂斯酒店正在大力让酒店系统变成一个社会系统，变成一个关心支持亚特兰蒂斯酒店，希望和亚特兰蒂斯酒店有各种合作、交流的所有用户的公共网，这是建立这个系统的最终、最大的目标。

第五节　酒店信息化建设中云端化的发展趋势

一、云的优势

云的 API 是开放的，可以有更好的生态。目前类似 PMS（Property Management System，资产管理系统）酒店管理信息系统是封闭的、能够对接接口的主要是石基软件和甲骨文软件。云可以提升酒店的管理效率、降低成本。但目前酒店需要单独建设机房，以及需要专业的技术支持团队对 PMS 及周边系统进行全天候的维护服务。云化之后，IT 系统会由统一的平台来管理，从而替代酒店的本地化 IT 服务人员，从而节省开支。同时，云的产品简单易用、系统比较完整、兼容性也比较好，对使用终端的要求比较低、只要支持网页操作即可使用，对带宽的要求也较低，而且无须投入独立的硬件，也无须备份，安全性也比较高。

二、PMS 云化后的功能

云平台上面可以接各种预订平台，类似 China Online，有各种 OTA 包括飞猪、携程等，下面可以连着酒店本地的系统包括电话计费、门锁、终端，通过互联网进行连接，中间通过阿里云、AWS 等完成部分核心数据的归集。

三、潜在的云 PMS 供应商

PMS 云化不是一个孤立的事件，必须要保障周边系统也能无缝对接，只有能提供酒店整体方案的厂商才具备这个技术实力。在国内来看，目前只有石基信息有这个潜质，全球来看，OPERA 已经有云 PMS 的高端酒店案例。

酒店管理信息系统云化可以节省酒店的成本、提升酒店的运行效率，发展前景广阔，市场空间很大，但是云迁移的过程还需要一些时间。中低端酒店因为其系统相对简单，同时对成本节省更为敏感，云迁移会更加容易。但与之相反，高端酒店的云迁移相对较难。高端酒店的 PMS 云化目前在美国已经有了应用案例，国内现在还没有成形，未来存在很大的市场潜力；高端酒店的 PMS 云化需要供应厂商具备提供酒店信息化系统的综合解决方案能力，目前国内只有石基信息软件公司具备该能力。

课后习题

1. 简述酒店信息化管理的含义。
2. 简述酒店信息化建设的具体内容。

3. 结合实际，谈谈酒店信息化建设的发展趋势。

4. 结合实际，谈谈酒店业发展对信息技术发展产生怎样的影响。

5. 酒店信息化建设中存在哪些问题？根据你掌握的知识，怎样去解决存在的问题。

6. 结合实际案例，介绍酒店信息化能给酒店经营带来怎样的竞争优势。

7. 作为一个单体酒店，应如何利用信息化创造经济优势？

8. 找一个酒店集团的案例，分析它是如何利用信息化创造酒店竞争优势的。

案例分析

香港奕居酒店的信息化之旅

2018 年，凭借着在旅行者之选中荣获全球最佳酒店第二、最佳奢华酒店排名中国区第一、亚洲第三及世界第十四名等多项好成绩，成为中国获得最多奖项的香港奕居酒店，备受瞩目。一下斩获这么多奖项的奕居酒店，凭借的不仅仅是其奢华的装饰，优质的服务，独特的设计，还在于高科技的加持。

走进大堂，你会发现酒店的工作人员貌似正在偷懒——手里把玩着 iPad，但这正是酒店的服务特色，透过特定的笔记本电脑，工作人员可以在酒店任何角落为顾客办理电子化入住登记，退房的手续还可以通过客房内的电视进行，并且酒店可以将账单及资料发送至你的电子邮箱，在最大限度地减化手续的同时，也实现了无纸化办公。

当然，高科技并不只供酒店工作人员使用。当顾客入住客房，便会发现，茶几上静静地躺着一台 iPod Touch 或 iPad。多数顾客都很少会去翻动酒店房间内厚厚的入住手册，特别是当它已经泛黄折角以后。而有了这个，只需轻触显示屏，多元化的信息便接踵而至：酒店介绍、送餐服务、本地旅游资讯、天气情况、常用电话等无所不包，还有一个板块专门让顾客用来与酒店留言互动。

思考题：

结合上述案例，分析在科技迅速发展的时代，酒店如何在市场竞争中获胜。

第二章 酒店管理信息系统

学习目标

1. 了解管理信息系统的概念
2. 理解酒店管理信息系统对酒店的重要性
3. 认清当前酒店管理信息系统的发展趋势

学习重点

1. 酒店管理信息系统的基本概念和功能结构
2. 酒店管理信息系统的应用类型
3. 常见的国内外酒店管理信息系统

学习难点

1. 掌握酒店管理信息系统的发展趋势
2. 酒店管理信息系统的功能结构

第一节 酒店管理信息系统的产生背景

一、信息系统

(一) 信息系统的概念

所谓信息系统，是指由计算机硬件、网络和通信设备、计算机软件、信息资源、信息用户和规章制度组成的以处理信息流为目的的人机一体化系统。简单地说，信息系统就是输入数据、信息，通过加工处理产生信息的系统。

一般来说，信息系统具有如下几个概念：

信息系统是任何组织中都有的一个子系统，是为生产和管理服务的。对于从事物质生产及具体工作的部门来说，它总是管理或控制系统中的一部分。

信息系统有别于其他子系统，像人的神经系统分布于全身每一个器官一样，信息系统也渗透到组织的每一个部门当中。

信息系统的作用与其他系统有些不同，它不从事某一具体的实物性工作，而是关系全局的协调一致。因而组织越大，改进信息系统所带来的经济效益也就越高。信息系统的运转情况与整个组织的效率密切相关。

（二）信息系统的发展历程

信息系统从概念上讲，在计算机问世之前就已经存在，但它的加速发展和日益被人瞩目却是在计算机和网络广泛应用在社会中的各个行业、领域时期。自 20 世纪初泰罗创立科学管理理论以来，管理科学与方法技术得到迅速发展。在与统计理论和方法、计算机技术、通信技术等相互渗透、相互促进的发展过程中，信息系统作为一个专门领域迅速形成。作为用计算机处理信息的人机系统的信息系统，在近半个世纪中迅猛发展，主要经历了电子数据处理系统、管理信息系统、决策支持系统、办公自动化系统和多媒体信息系统阶段。

电子数据处理系统是使用计算机代替以往人工进行事务性数据处理的系统，所以也有人称其为事务处理系统。这一阶段从 20 世纪 50 年代初，商界第一次用计算机处理工资单、财务报表和账单等开始。电子数据处理系统有一些缺陷，如受限于当时计算机的能力和人们对计算机的认知，完全模拟人工系统，数据收集因为速度慢且容易出错，成为该系统最薄弱的环节。

管理信息系统是在事务处理系统基础上发展起来的第二代信息系统，但两者有显著的区别：事务处理系统是处理和获取数据，仅涉及一个部门内的操作性活动；管理信息系统则为管理提供信息，是一个部门的管理工具，它强调管理方法和技术的应用，强调把信息处理的速度和质量扩大到组织机构的所有部门，从而增强组织机构中各职能部门的管理效率和能力。

决策支持系统是美国学者莫顿（S. Morton）于 20 世纪 70 年代首次明确提出的。它是辅助决策工作的一种信息系统，重点在"支持"而非决策工作的自动化。

办公自动化系统和多媒体信息系统是前文所述的电子数据处理系统（或事务处理系统）、管理信息系统和决策支持系统等几类信息系统的一种综合应用，不可简单地把这两者称为新型的信息系统。但是，正是办公自动化系统在 20 世纪 80 年代的广泛应用以及多媒体信息系统在 20 世纪 90 年代的蓬勃发展，才使信息系统这一领域更加引人注意，而多媒体信息系统自身也成为各类信息系统应用的方向。

（三）信息系统的任务

信息系统是一门新兴的科学，它的主要任务是最大限度地利用现代计算机及网络通信技术加强企业的信息管理，通过对企业拥有的人力、物力、财力、设备、技术等资源的调查了解，建立正确的数据，加工处理并编制成各种信息资料及时提供给管理人员，以便进行正确的决策，不断提高企业的管理水平和经济效益。企业的计算机网络已成为企业进行技术改造及提高企业管理水平的重要手段。

从信息系统的发展和特点来看，可分为数据处理系统、管理信息系统、决策支持系统、专家系统（人工智能的一个子集）和虚拟办公室五种类型。

由管理的层次性可将经理信息系统、营销信息系统、制造信息系统、财务信息系统、人力资源信息系统、信息资源信息系统分为两个层次。

（四）信息系统的功能

信息系统的五个基本功能：输入、存储、处理、输出和控制。

输入功能：信息系统的输入功能决定于系统所要达到的目的及系统的能力和信息环境的许可。

存储功能：存储功能指的是系统存储各种信息资料和数据的能力。

处理功能：基于数据仓库技术的联机分析处理（OLAP）和数据挖掘（DM）技术。

输出功能：信息系统的各种功能都是为了保证最终实现最佳的输出功能。

控制功能：对构成系统的各种信息处理设备进行控制和管理，对整个信息加工、处理、传输、输出等环节通过各种程序进行控制。

（五）信息系统的结构

信息系统的结构一共包含以下四个层次。

基础设施层：由支持计算机信息系统运行的硬件、系统软件和网络组成。

资源管理层：包括各类结构化、半结构化和非结构化的数据信息，以及实现信息采集、存储、传输、存取和管理的各种资源管理系统，主要有数据库管理系统、目录服务系统、内容管理系统等。

业务逻辑层：由实现各种业务功能、流程、规则、策略等应用业务的一组信息处理代码构成。

应用表现层：通过人机交互等方式，将业务逻辑和资源紧密结合在一起，并以多媒体等丰富的形式向用户展现信息处理的结果。

（六）信息系统的特性

1. 整体特性

整体特性即管理信息系统在功能内容上体现出的整体性，以及开发和应用技术步骤上的整体性。它要求即使实际开发的功能仅仅是组织中的一项局部管理工作，也必须从全局的角度规划系统的功能。

2. 辅助管理，支持决策

管理信息系统以实现信息优化配置为宗旨，提供数字化管理平台，从而提高主管部门的快速应变能力，使决策与时俱进。该系统具有人工智能的作用，在实现信息资源优化配置的过程中将为决策者起到参考作用，并提升信息的可靠性和预测的准确性。

3. 以计算机为核心

管理信息系统是人机系统，这是它与信息处理的其他人工手段的明显区别。

4. 动态特性

管理信息系统既具有时效性也具有关联性。当系统的某一要素（如系统的目标）发生变化时，整个系统也必须随之发生变化。因而管理信息系统的建立并不是一劳永逸的，还需要在实际应用中不断地完善和更新，以相对延长系统的正常运行时间，提高系统效益。

5. 信息系统的安全性

信息系统安全是指信息系统包含的所有硬件、软件和数据受到保护，不因偶然和恶意的原因而遭到破坏、更改和泄露，信息系统连续正常运行。信息系统本身存在着来自人文环境、技术环境和物理自然环境的安全风险，它的安全威胁无时无处不在。对于大型酒店企业信息系统的安全问题而言，不可能单凭利用一些集成了信息安全技术的安全产品来解决，而必须考虑技术、管理和制度的因素，全方位地、综合解决系统安全问题，建立企业的信息系统安全保障体系。

随着信息科技的发展，计算机技术越来越普遍地被应用于酒店和旅游企业，而酒店和旅游企业的信息系统普遍经历了由点及面，由弱渐强的发展过程，并在企业内形成了较为系统的信息一体化应用。随着酒店企业信息系统建设的全面开展以及各种业务系统的逐步深入，企业的经营管理等对信息系统的依赖也越来越强，甚至成了企业生存发展的基础和保证。因此，企业信息系统的安全可靠性越来越重要，信息系统安全成为企业迫切需要解决的问题。因为信息专业人员面对的是一个复杂多变的系统环境，如设备分布物理范围大，设备种类繁多；大部分最终用户信息安全意识贫乏；系统管理员对用户的行为缺乏有效的监管手段；少数用户恶意或非恶意滥用系统资源；基于系统性的缺陷或漏洞无法避免；各种计算机病毒层出不穷等，一系列的问题都严重威胁着信息系统的安全。因此，如何构建完善的信息系统安全防范体系，以保障企业信息系统的安全运行成为企业信息化建设过程中必须面对并急需解决的课题。

二、管理信息系统

（一）管理信息系统的概念

管理信息系统（MIS）是一个以人为主导，利用计算机硬件、软件、网络通信设备以及其他办公设备，进行信息的收集、传输、加工、储存、更新、拓展和维护的系统。

管理信息系统是一个不断发展的新型学科，MIS 的定义随着计算机技术和通信技术的进步也在不断更新，在现阶段普遍认为，MIS 是由人和计算机设备或其他信息处理手段、组成并用于管理信息的系统。

管理信息由信息的采集、信息的传递、信息的储存、信息的加工、信息的维护和信息的使用六个方面组成。完善的 MIS 具有以下四个标准：确定的信息需求、信息的可采集与可加工、可以通过程序为管理人员提供信息、可以对信息进行管理。MIS 是一个交叉性综合学科，包括：计算机（网络通信、数据库、计算机语言等）、数学（统计学、运筹学、线性规划等）、管理学、仿真等多学科。信息是管理上的一项极为重要的资源，管理工作的成败取决于能否做出有效的决策，而决策的正确程度则取决于信息的质量。所以能否获取有效的管理信息成为企业要解决的首要问题。MIS 在强调管理、强调信息化的现代社会中越来越得到普及。

（二）管理信息系统的发展

1. 开始阶段（1954—1964 年）

开始阶段以单项事务子系统为主，基于各部门的管理信息系统，如财务、物质销售等，目的是单纯地减轻人的重复劳动。

2. 发展阶段（1964—1974 年）

发展阶段建立了以计算机为中心的管理信息系统，用于商业、企业、银行事务管理，是一些事务子系统基于电子数据的处理系统。

3. 定型阶段（1974—1980 年）

管理信息系统从处理事务子系统发展为以处理控制为主的子系统。这一时期有两项大的成果：第一，典型的、成功的管理信息系统相继出现，如 IBM 用 36 年的时间开发的面向通信的生产信息与控制系统（Communication Oriented Production and Information Control System，COPICS），包括 12 个子系统（生产、销售、预测、计划、库存等）；第二，在系统开发方法上有了明显的进展，开始用系统分析、设计、实施的观点来开发一个管理信息系统。

4. 成熟阶段（1980 年至今）

管理信息系统发展为以提供决策为主的信息系统，建立了模型库、数据库。管理信息系统的研制方法有了很大的发展，出现了基于两大类——原型法及结构化系统分析设计方法体系的 20 多种开发方法。

我国管理信息系统的发展过程可以划分为五代。早期的应用是 20 世纪 80 年代末期基于 DOS 平台的单项核算财务软件，主要是工资核算，我们称为第一代。随着计算机的发展，20 世纪 90 年代出现了局域网，管理软件的应用范围由单项的财务核算发展到整个财务核算，包括账务、工资、成本、材料、报表等，我们称为第二代。20世纪90年代中期，利用核算型财务软件产生的数据进行财务统计、查询，产生了包括全面核算财务的管理型财务软件，我们称为第三代。随着全球经济的一体化，仅仅实现财务管理信息化已经不能满足企业管理的需要，必须对企业的所有资源进行管理，因此20世纪90年代末期全面管理企业资源的企业资源计划软件ERP在国外面世并被引入我国，我们称为第四代。随着网络技术的发展，企业的竞争已发展为一个企业的供应链与另一个企业的供应链之间的竞争，因此必须加强对供应链上合作伙伴的管理，降低成本，实现利润最大化，于是，继ERP之后基于供应链管理的供应链管理软件产生了；为了提升客户的忠诚度，为客户提供个性化的服务，又产生了客户关系管理软件（CRM软件）。企业信息管理已经发展到了在企业内部通过ERP进行全面资源管理，企业外部建立完善的电子商务环境，通过建立供应链管理（SCM）系统、顾客关系管理（CRM）系统提升企业的竞争力。管理信息系统发展的第五代到来了。

随着技术的发展和企业外部竞争的加剧，企业管理信息系统将朝着协同商务的方向发展，也就是供应链上所有的企业，包括供应商、制造商、分销商、运输商、产品开发商、应用服务提供商等合作伙伴，都按照客户或市场的需求，步调一致地共同开展业务活动，保证产品和服务能够保质、保量、按时地交互到客户手中。

（三）管理信息系统的作用

管理信息系统是管理现代化的集中体现。现代化是一个综合性概念，是科学技术管理制度在人们思想意识及行为习惯中的现代化的融合。现代化是一个动态的概念，不同时代有不同时代的发达程度及表现内容。有效的管理信息系统是现代化的管理思想及方法，现代化的组织制度，先进的计算机技术及现代化的人的有机统一体，并能将最新技术及管理成果的动态性与现代概念的动态性一一对应。

管理信息系统的作用主要体现在以下几个方面：

1. 辅助分析

辅助分析的特点是超越信息简单的查询，充分利用信息资源，根据用户的具体需求有针对性地对信息进行深度加工，使信息能对用户的管理、经营和决策产生一定的影响，起到辅助决策的作用。要使系统具有较好的辅助决策功能，系统分析的作用是极为重要的。从一定意义上讲，管理信息系统的研制开发人员要有严格的分工，并各负其责，只有这样才能发挥每个人的最大特长和潜能。一个系统的设计应该有合适的定位和高度，辅助分析功能是重要组成部分。系统分析人员在系统分析和方案设计时要充分考虑系统的风格、功能和特色，并要兼顾实现的可能性和便利性。一般来讲，用户通过管理信息系统所提供的有效信息可达到以下几个目的：①能充分体现出用户以往和现在运作的情况，从数据上分析原因；②能为用户的决策者达到特定的目的提供有的放矢的数据依据；③能为用户今后的发展提供方向和目标。

2. 规范化管理

管理信息系统的规范化管理主要体现在信息资源的标准化上。在信息时代，网上资源已成为人们获取信息的重要来源。这种信息的传递与交流只有在标准化与规范化的前提下才能快速有效地进行。这就对以往的数据编目格式提出了挑战。为了适应网上电子资源整序的标准化与规范化，元数据（Metadata）技术便应运而生。例如：1995 年 3 月，反映元数据技术的都柏林核心集（Dublin Core）在美国产生，凝聚了 52 位来自图书馆、计算机、网络方面的学者和专家的智慧。

3. 节省人力

管理信息系统的实施不仅可提高工作效率，而且在节省人力、物力等方面也发挥了重要作用，解决了以往用大量人力手工操作的烦琐劳动，实现了人机对话，使越来越多的人在较短的时间内花费较少精力，获取大量的数据。

下面举例说明管理信息系统给企业带来的巨大效益：美国 APICS 学会统计，生产资源计划（Manufacturing Resource Planning，MRP）效益情况如下：库存量降低 35%，交货期拖延减少 38%，短缺物料减少了 60%~80%，劳动生产率提高 20%~40%，采购期提前减少了 50%，制造成本降低了 20%，管理人员减少 10%，生产能力提高 10%~15%，利润增加 5%~10%。

总的来说，一个集中体现先进的管理模式、思想方法的管理信息系统将会对企业生产经营诸要素进行优化组合和合理配置，使生产经营活动过程中的人流、物流、资金流和信息流处于最佳状态，达到以最少投入获得最大的产出。

4. 管理信息是重要的资源

对企业来说，人、物资、能源、资金、信息是五大重要资源。人、物资、能源、资金这些都是可见的有形资源，而信息是一种无形的资源。以前人们比较看重有形的资源，进入信息社会和知识经济时代以后，信息资源就显得日益重要。因为信息资源决定了如何更有效地利用物资资源。信息资源是人类与自然的斗争中得出的知识结晶，人们掌握了信息资源，就可以更好地利用有形资源，使有形资源发挥更好的效益。

5. 管理信息是决策的基础

只有对客观情况、对企业内外部情况了解，才能做出正确的判断和决策。所以，决策和信息有着非常密切的联系。凭经验或者拍脑袋做出的一些决策，经常会造成决策的失误。明确的管理信息是决策的基础。

6. 管理信息是实施管理控制的依据

在管理控制中，以信息来控制整个生产过程、服务过程的运作，靠信息的反馈来不断地修正已有的计划，依靠信息来实施管理控制。有很多事情不能很好地控制，根源是没有很好地掌握全面的管理信息。

7. 管理信息是联系组织内外的纽带

企业与外界的联系、企业内部各职能部门之间的联系，也是通过信息互相沟通的。因此，要沟通各部门的联系，使整个企业能够协调地工作，就要依靠信息。所以，它是组织内外沟通的一个纽带，没有信息就不可能很好地沟通内外的联系和步调一致地协同工作。

(四) 管理信息系统的基本功能

1. 数据处理功能

数据处理功能包括数据收集和输入、数据传输、数据存储、数据加工和输出。

2. 计划功能

计划功能是指根据现存条件和约束条件，提供各职能部门的计划，如生产计划、财务计划、采购计划等，并按照不同的管理层次提供相应的计划报告。

3. 控制功能

控制功能是指根据各职能部门提供的数据，对计划执行情况进行监督、检查、比较执行与计划的差异、分析差异及产生差异的原因，辅助管理人员及时加以控制。

4. 预测功能

预测功能是指运用现代数学方法、统计方法或模拟方法，根据现有数据预测未来。

5. 辅助决策功能

采用相应的数学模型，从大量数据中推导出有关问题的最优解和满意解，辅助管理人员进行决策，以期合理利用资源，获取较大的经济效益。

(五) 管理信息系统的划分

1. 基于组织职能进行划分

管理信息系统按组织职能可以划分为办公系统、决策系统、生产系统和信息系统。

2. 基于信息处理层次进行划分

管理信息系统基于信息处理层次可以划分为面向数量的执行系统、面向价值的核算系统、报告监控系统、分析信息系统、规划决策系统。

3. 基于历史发展进行划分

第一代管理信息系统是由手工操作的，使用的工具是文件柜、笔记本等。第二代管理信息系统增加了机械辅助办公设备，如打字机、收款机、自动记账机等。第三代管理信息系统使用计算机、电传、电话、打印机等电子设备。

4. 基于规模进行划分

随着电信技术和计算机技术的飞速发展，现代管理信息系统从地域上划分已逐渐由局域范围走向广域范围。

5. 管理信息系统的综合结构

管理信息系统可以划分为横向综合结构和纵向综合结构。横向综合结构是指同一管理层次各种职能部门的综合，如劳资、人事部门。纵向综合结构是指具有某种职能的各管理层的业务组织在一起，如上下级的对口部门。

（六）管理信息系统的适用条件

大量的研究与实践表明，管理信息系统在我国应用的成败并不只取决于技术、资金、互联网系统、应用软件、软件实施等硬环境，还取决于企业的管理基础、文化底蕴等软环境，而且这些软环境往往起着更重要的作用。管理信息系统是一个人机管理系统，只有在信息流通顺畅、管理规范的企业中，才能更好地发挥作用。

1. 规范化的管理体制

从国内一些企事业单位的情况来看，通过组织内部的机制改革，明确组织管理的模式，做到管理工作程序化、管理业务标准化、报表文件统一化和数据资料完整化与代码化是成功应用管理信息系统的关键。酒店企业的管理信息系统必须具有市场信息管理、财务管理、原材料供应与库存管理、成本核算管理、生产计划管理、产品质量管理、人事与劳资管理、生产与管理流程管理等功能，而且所有功能都应该与总体目标相一致，否则很难建立起一套切合企业实际、能够真正促使企业实现现代化管理的高效管理信息系统。

2. 具备实施战略管理的基础或条件

管理信息系统的建立、运行和发展与组织的目标和战略规划是分不开的。组织的目标和战略规划决定了管理信息系统的功能和实现这些功能的途径。管理信息系统的战略规划是关于管理信息系统的长远发展计划，是企业战略规划的一个重要组成部分。这不仅由于管理信息系统的建设是一项耗资巨大、历时长远、技术复杂的工程，更因为信息已成为企业的生命动脉。管理信息系统的建设直接关系着酒店企业能否持久创造价值，能否最终实现企业管理目标。一个有效的战略规划有助于在管理信息系统和用户之间建立起良好接口，可以合理分配和使用信息资源，从而优化资源配置，提高生产效率。一个好的战略规划有助于制定出有效的激励机制，从而激励员工更加努力地工作，同时还可以促进酒店企业改革的不断深化，激发员工的创新热情。这些正是建立管理信息系统的必要条件。离开良好的战略管理环境，管理信息系统的实施即使可以取得成功，也不可能长久。

3. 挖掘和培训一批能够熟练应用管理信息系统的人才

一个项目能否得到成功实施，在很大程度上取决于其人才系统运行的状况和人才存量对项目目标、组织任务的适应状况。酒店企业要成功实施信息化管理，就要配备相应的技术与管理人才。酒店企业可以通过两个途径来解决这个问题：外部招聘人才；培训企业内部现有人才。

4. 健全绩效评价体系

实施管理信息系统是一场管理革命，必须有与之配套的准则巩固改革成果。总体来说，健全的评价体系应该做到：有助于激励员工最大限度地为企业创造价值；有助于酒店企业将信息化与企业战略有机结合起来；有助于对企业绩效进行纵向、横向比较，从而找出差距，分析原因；有助于企业合理配置信息化建设资源。当然，这些目标的实现还取决于绩效评价体系中的指标体系、配套的奖惩制度与监督制度等。酒店企业是否具备建立管理信息系统所必需的绩效评价体系，要结合企业现状和同行业的相关数据进行分析，并且在实施过程中不断进行检验。在推行管理信息化过程中一旦发现问题，就应当及时予以改进与完善。

（七）管理信息系统的开发过程

1. 规划阶段

管理信息系统规划阶段的任务是：在对原系统进行初步调查的基础上提出开发新系统的要求，根据需要和可能，给出新系统的总体方案，并对这些方案进行可行性分析，生成系统开发计划和可行性研究报告两份文档。

2. 分析阶段

管理信息系统分析阶段的任务是根据系统开发计划确定的范围，对现行系统进行详细调查，描述现行系统的业务流程，指出现行系统的局限性和不足之处，确定新系统的基本目标和逻辑模型，这个阶段又被称为逻辑设计阶段。

系统分析阶段的工作成果体现在"系统分析说明书"中，这是系统建设的必备文件。它是提交给用户的文档，也是下一阶段的工作依据，因此系统分析说明书要通俗易懂，用户通过它可以了解新系统的功能，判断是否为所需的系统。"系统分析说明书"一旦评审通过，就是系统设计的依据，也是系统最终验收的依据。

3. 设计阶段

管理信息系统分析阶段回答了新系统"做什么"的问题，而系统设计阶段的任务就是回答"怎么做"的问题，即根据"系统分析说明书"中规定的功能要求，考虑实际条件，具体设计实现逻辑模型的技术方案，也即设计新系统的物理模型。所以这个阶段又称为物理设计阶段。设计阶段分为总体设计和详细设计两个阶段，生成的技术文档是"系统设计说明书"。

4. 实施阶段

管理信息系统实施阶段的任务包括计算机等硬件设备的购置、安装和调试，应用程序的编制和调试，人员培训，数据文件转换，系统调试与转换等。系统实施是按实施计划分阶段完成的，每个阶段应写出"实施进度报告"。系统测试之后写出"系统测试报告"。

5. 维护与评价

系统投入运行后，需要经常进行维护，记录系统运行情况，根据一定的程序对系统进行必要的修改，评价系统的工作质量和经济效益。

三、酒店管理信息系统

信息作为信息科学中最基本、最重要的元素，是指经过加工处理之后的一种数据形式，是一种有次序的符号排列。现代社会信息无处不在，每时每刻都传递着大量的有用和无用的信息，企业为了能在竞争日益激烈的社会中求得生存、谋求更大的发展，除拥有独特的先决条件外，还要注重对信息价值的开发和利用，酒店管理信息系统因此应运而生，它采用科学的、有效的手段，对信息加以分析，通过建立一套科学的系统达到提高工作效率、降低各项成本和费用，最终提高经济效益和社会效益的目的。鉴于管理信息系统有如此功能，一出现就受到社会的重视，与计算机、网络技术融为一体，成为知识经济的热点。

酒店业既是一个古老的行业，又是一个新兴的产业。现代酒店业除了经营餐饮、住宿业务外，还增加了度假休闲、旅游、购物、康乐等服务，宗旨是为顾客在商务和旅行活动中提供吃住、游、娱乐等全方位的服务。酒店业是一个特殊的行业，经营的业务多，涉及交通、银行、保险等多个社会行业和部门，具有较广泛的横向和纵向联系，跨地区、跨国界、跨时间，数据和信息量巨大且传递速度快的特点。在信息时代的今天，如果对酒店业中所涉及的信息和数据不加以科学的管理，酒店业的经济效益和社会效益将会受到很大的影响。酒店管理信息系统是管理酒店信息的系统，是计算机在酒店业管理中的重要应用，它的产生不仅是社会发展的产物，也是酒店业发展的需要。

酒店管理信息系统是指一种可以提高酒店管理效率的软件或平台，一般包含前台接待、前台收银、客房管家、销售 POS、餐饮管理、娱乐管理、公关销售、财务查询、电话计费、系统维护、经理查询、工程维修等功能模块。酒店管理信息系统一般包括以下系统：

1. 酒店通信网络系统

酒店通信网络系统由交换设备、传输系统、终端设备组成。数字式程控交换机可以根据酒店的不同需要实现众多服务，如系统功能、话务功能和用户分机功能，另外还具有选择功能（包括无线寻呼即通过交换机与寻呼主机连接实现寻呼功能以及酒店管理，如登记结账、话务计费、状态输入、打印账单、读卡功能等）。酒店通信网络系统如图 2-1 所示。

联通、移动等移动通信盲区覆盖系统，主要应用于地下层、电梯轿厢等，设计时主要管线要预埋好，具体设置由各移动通信公司投资及实施。设置无线对讲，主要用于工程部工作人员和安保人员，有利于安防工作。

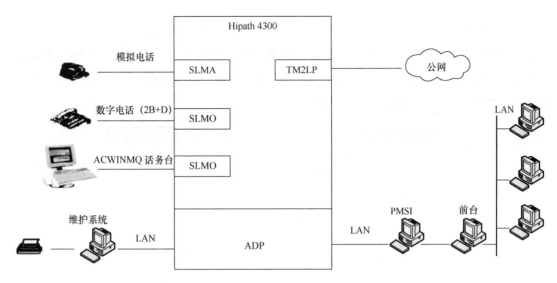

图 2-1 酒店通信网络系统

2. 计算机网络系统

酒店计算机网络系统建成后，酒店范围内实现宽带上网，可以满足酒店管理小公和顾客宽带上网的要求。在宽带接入的同时，为了保证整个网络的安全性和其他性能，将网络划分为酒店管理信息系统网络和宽带接入网络系统，并对相应的部门和类别进行 VLAN 划分，划分后具有增加网络连接的灵活性、控制网路广播风暴、集中化控制、提高了安全性能等优点，酒店计算机网络系统如图 2-2 所示。

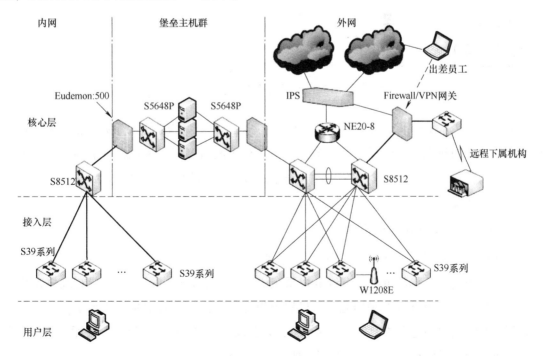

图 2-2 酒店计算机网络系统

3. 综合布线系统

综合布线系统是计算机网络系统和通信网络系统的物理支撑，是信息系统的物理通道。布线系统是隐蔽工程，埋入楼板、墙内，不易检修及更换，应采用现阶段可预见的先进技术和产品，酒店综合布线系统如图 2-3 所示。

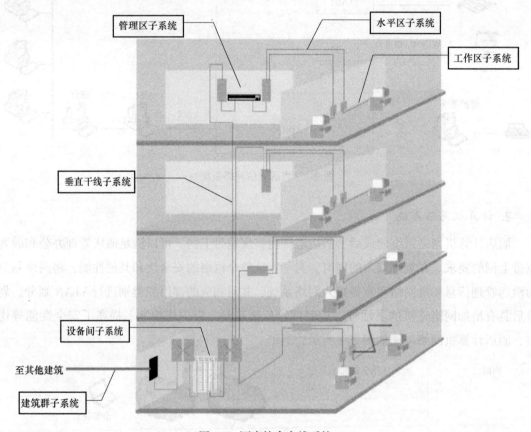

图 2-3　酒店综合布线系统

五星级酒店水平布线子系统应采用六类布线系统。配线间设置，对于办公楼，每层楼面信息点数较多的建筑物一般每层设一个配线间，对于酒店客房层来说，每个客房两个数据点、一个语音点（卫生间一个同线电话）。垂直数据干线采用多模光缆，语音垂直干线采用 5 类 25 对大对数铜缆。

4. 卫星接收及有线电视系统

五星级酒店适宜设置卫星接收系统，即"鑫诺一号""亚洲 3S"以及"亚太 Ⅵ"三颗卫星并要经当地有关部门审批。有线电视系统引接自当地有线电视网，设置有线电视机房（卫星电视兼用），其接入线采用光缆，机房内设有光节点。设置卫星接收系统，机房可设于顶层。有线电视插座设置于公共活动场所，如会议厅、多功能厅、酒吧、餐厅等，每个客房设一点，套房设两点，总统套房根据需要设置，卫星接收及有线电视系统如图 2-4 所示。

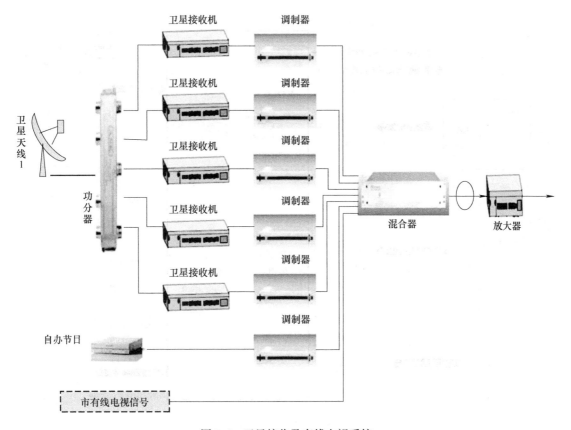

图 2-4　卫星接收及有线电视系统

5. 公共广播系统

背景音响与消防紧急广播兼容，但扬声器性能按背景音响要求配置。背景音响扬声器设置场所多于消防广播，部分场所仅当作背景音响的扬声器可与消防广播同线路也可另设专线视具体情况而定，酒店公共广播系统如图 2-5 所示。要考虑室外背景音响。背景音响音源与消防广播音源分设，广播机房设在消控监控室。部分公共场所，如会议厅、多功能厅等要对背景音响设音量调节开关。背景音响与消防广播的切换在楼层消防广播联动模块实现。

6. 多媒体会议系统

大会议室适宜设置完善的会议系统，包括扩声、投影、摄录系统、集控系统、视频会议系统等。有的会议室可考虑设置同声传译系统。一般普通会议室设置扩声、投影系统，少量会议室可考虑设置背投，可由地面或墙面插座接入视频信号示意图。

7. 大屏幕显示及触摸式多媒体信息查询系统

大屏幕显示是在酒店外设置一块双基色室外屏。酒店大堂适宜设置一台触摸式多媒体信息查询机，提供外来人员查询酒店内房间分布介绍、各种业务介绍、各类内外部信息、服务信息等。

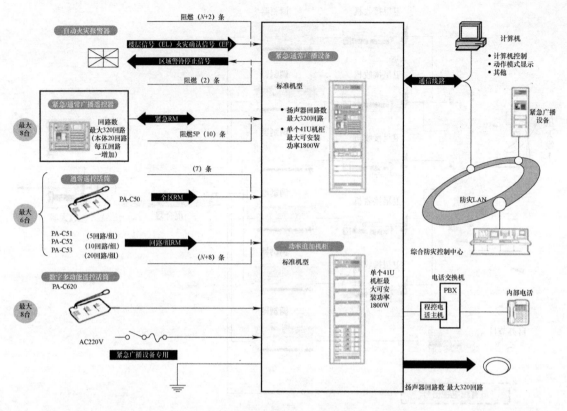

图 2-5   酒店公共广播系统

8. UPS 电源系统

UPS 电源设置有两种做法：集中式与分散式。集中式在一处设置 UPS，为全酒店智能化系统使用；分散式即设于不同机房内，确定各 UPS 的供电范围。UPS 主要设置于：消控监控中心、广播、BAS、BMS 机房，供电范围包括本机房及所有监控摄像机、防盗探测器等；计算机网络中心电话总机房，供电范围包括本机房及楼层网络交换机。UPS 不间断电源装置订货时要求带通信接口，以便纳入 BA 系统管理。UPS 配置电池组，后备时间至少 2h。

9. 防雷接地系统

弱电系统供电电源浪涌保护器由强电专业设置，弱电专业应考虑 UPS 后配电箱浪涌保护器设置。各信息系统需要设置信号避雷器。弱电系统接地系统要完整考虑，一般采用综合接地方式，接地电阻值不大于 1Ω。弱电机房局部等电位联结设计，采用专用接地线接至基础接地装置。弱电竖井采用铜排作为接地干线。各弱电机房及弱电竖井各层均要设接地端子箱，防雷接地系统如图 2-6 所示。

10. 安全防范系统

酒店安全防范系统包括闭路电视监控及防盗报警系统、门禁系统、电子巡更系统、无线对讲系统等。安防系统有机结合形成一套功能完整的人防与技防相结合的安全防范系统，以有效地整合所有技术资源与手段，使整个酒店具有更全面、更有效、更综合的安全技术防范能力。

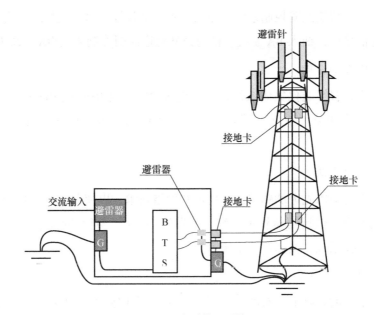

图 2-6 防雷接地系统

闭路电视监控系统主要设置于底层主要出入口，如公共场所、重要房间、楼层电梯厅通道、电梯轿厢、室外主干道路边及交叉口等处。闭路电视监控系统主机采用矩阵主机加嵌入式数字硬盘录像机。

防盗报警系统主要设置于财务、档案等重要房间，部分场所设置手动报警按钮。周边防范系统是否设置防盗报警系统根据酒店周边是否有围墙或栅栏而定，如无则不设置。

门禁系统设置于重要设备机房、财务、档案等重要房间。

电子巡更系统一般采用离线式，设置于重要设备机房、电梯厅、楼梯口等处。

无线对讲系统主要是保安使用，以便保安互相之间及时联系，提高事件发生时快速反应能力。

11. 建筑设备监控系统

酒店建筑设备监控系统需监控的内容包括：网络化设备监控管理平台、环境检测、空调系统设备监控、冷热源设备监控、给排水设备监控、变配电设备监控、照明电梯设备监控等。

通过设置设备监控系统对机电设备进行自动监控和集中管理后，可实现以下目的：确保酒店内获得绿色环境和舒适的办公条件；提高酒店内人员与设备的整体安全水平和灾害防御能力；提供可靠、经济的最佳能源供应方案，进行节能管理，减少运行成本；使设备高效运行，减轻人员劳动强度的同时实现现代化的物业管理；及时地收集、整理有关设备运行状况的资料，作为设备管理决策的依据，实现设备维护工作的自动化。

12. 智能照明控制系统

五星级酒店设置智能照明控制系统，主要设置于会议厅、多功能厅、宴会厅。智能照明控制系统带有通信接口，纳入 BA 系统。楼内公共通道照明控制采用 BA 系统 DDC 控制。

13. 中央集成管理系统

五星级酒店应设置智能化集成系统，至少设置 BMS，考虑升级 IBMS。在 BAS 基础上，消防系统通信接口是 BAS、安防、消防、一卡通系统的集成。BMS 工作站设于消控监控中心。

14. 酒店一卡通系统

酒店一卡通系统采用先进的感应读卡技术和网络技术，以使用方便、功能全面、安全可靠和管理严格为原则，包括门禁管理系统、考勤管理系统、消费管理系统、停车场管理系统、巡更系统、图控系统、电梯控制系统等。

15. 电子门锁管理系统

电子门锁用卡有的是磁卡、有的是 IC 卡，酒店大多用磁卡（工作人员用 IC 卡）。电子门锁应采用安全可靠的门锁系统，酒店房卡系统功能如图 2-7 所示。

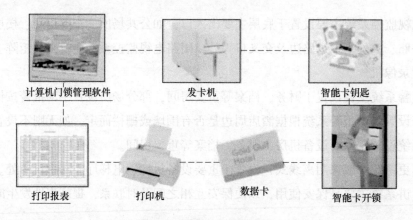

图 2-7　酒店房卡系统功能

16. VOD 点播系统

VOD 点播系统主要用于客房，系统信号走大楼局域网。系统分为三大模块功能：服务、电视、点播，即突出酒店服务功能、强化客房电视管理功能、提高视频点播影像质量。VOD 点播系统示意图如图 2-8 所示。

17. 酒店客房控制系统

酒店客房控制系统是酒店管理工作量最大、最繁杂、最重要的环节。网络型客房信息与控制系统集智能灯光控制、空调控制、服务控制与管理功能于一体，系统主要由客房部分、网络部分以及智能客房网络管理软件组成。其中，客房部分由智能客房管理中心主机、内外门铃服务、智能身份识别门锁、插匙取电、中央空调数显分控器、保险箱、门态传感器、保险柜传感器等各种客房状态传感器及其他配件组成。酒店客房控制系统如图 2-9 所示（图 2-9b 中图示部分未在图 2-9a 中展示）。

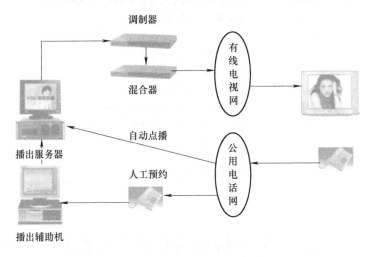

图 2-8　VOD 点播系统示意图

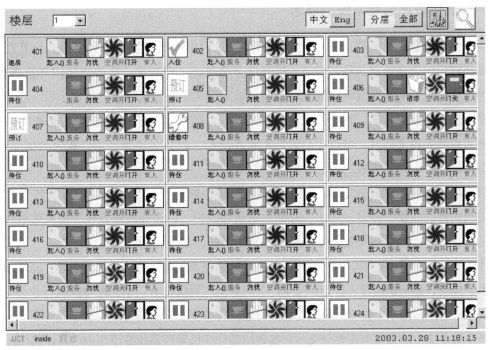

a)

图 2-9　酒店客房控制系统

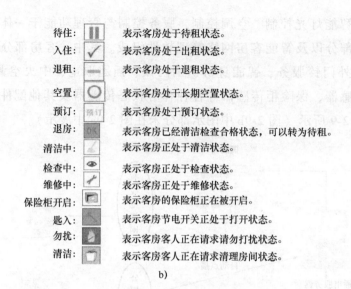

待住：	表示客房处于待租状态。
入住：	表示客房处于出租状态。
退租：	表示客房处于退租状态。
空置：	表示客房处于长期空置状态。
预订：	表示客房处于预订状态。
退房：	表示客房已经清洁检查合格状态，可以转为待租。
清洁中：	表示客房正处于清洁状态。
检查中：	表示客房正处于检查状态。
维修中：	表示客房正处于维修状态。
保险柜开启：	表示客房的保险柜正在被开启。
匙入：	表示客房节电开关正处于打开状态。
勿扰：	表示客房客人正在请求请勿打扰状态。
清洁：	表示客房客人正在请求清理房间状态。

b)

图 2-9　酒店客房控制系统

第二节　酒店管理信息系统概述

一、酒店管理信息系统的概念

酒店管理信息系统实质上是通过对酒店运行过程中人流、物流、资金流、信息流的管理，提高酒店的管理效益及经济效益，提高服务质量、工作效率，完善酒店内部管理机制，从而为酒店管理带来作业流程的标准化、服务水平的量化、快捷有效的沟通手段、经验知识的共享、公关信息的传播、客户关系的有效管理、经营成本分析和预警等。通过 IT 技术渗透到酒店运营的各个环节，可以为酒店带来收入增长，提高全员生产力、积累数据库资源，从而在市场竞争中处于不败之地。

管理信息系统是以人为主导，利用计算机硬件、软件、网络通信设备以及其他办公设备，进行信息的收集、传输、加工、存储、更新和维护，以企业战略竞优、提高效益和效率为目的，支持企业的高层决策、中层控制、基层运作的集成化的人机系统。

作为管理信息系统在酒店业的应用，酒店管理信息系统是以酒店员工为主导，利用现代信息技术支持酒店业企业经营、管理和决策的人机系统。酒店作为一个比校特殊的行业，是企业管理要求最为严格的一个行业。为满足酒店行业的特殊要求，酒店管理信息系统应运而生。作为管理信息系统中的又一个重要分支，它实现的是计算机管理系统在酒店中的具体应用。

数字化技术通常所指的是运用 1 和 0 这两个数字的编码，通过计算机、卫星通信和光缆等现代设备来传达、输送和处理所有信息技术。酒店数字化管理指在酒店信息技术管理中实现计划、组织、研发、生产、销售、服务等多种职能的管理系统。数字化管理系统的信息技术能够客观公正地反映酒店发展的常态现象。例如，常见的酒店电子商务系统、互联网预订系统、酒店管理信息系统等，为住店顾客提供个性化的数字信息服务。酒店使用数字化信息管理系统进行管理，有助于酒店的服务与销售。数字化技术不仅凸显它本身的能力水平，同时可不断加强酒店应用的创新，增强酒店行业的竞争力，更好地提高酒店业的经济效益和社会效益。

二、酒店管理信息系统在我国的发展状况

我国酒店业与其他行业相比使用计算机信息技术相对较晚。20 世纪 70 年代初至 80 年代中期，信息技术模式基本成熟，功能完善，它真正大规模地应用在酒店中是 90 年代。这时酒店中的基本财务和其他业务乃至顾客服务都以信息技术为核心的处理手段来完成，信息技术总体发展呈上升势头。在互联网时代，酒店业的发展历经了以下几个阶段：机械化阶段、自动化阶段、网络化阶段、协同智能化阶段等。在机械化阶段，计算机系统代替了手工操作系统，操作人员能利用信息技术处理重复、琐碎和简单的日常工作，信息技术提高了酒店的科学管理能力和对顾客的服务质量，同时给企业减少了劳务成本，提高了工作效率；在自动化阶段，信息系统的应用主要体现在高标准的自控系统上，例如自动排水控制系统、智能监控系统等，信息化为酒店提供了快速传递和高效运行，使酒店整体功能全面提升；在网络化阶段，智能型酒店诞生，互联互通的网络营销模式成为酒店运营的重要经营手段，这种现代的网络运营方式，使服务个性化成为现实；在协同智能化阶段，随着互联网技术的快速发展，互联信息技术结构的转变，酒店趋同的业务流程以及组织结构和管理目标的不断融合，已成为智能化时代的竞争手段。集成化的应用降低了企业的运营成本、提高了企业运营效率，结合 CRM、SCM、ERP 等电子信息技术，通过智能网络平台建立的信息系统与酒店主体有效连接，使酒店内外部的业务协同发展，协同智能时代助推了酒店业的快速发展。

三、酒店管理信息系统在我国发展滞后的原因

1. 管理者信息化知识的匮乏和认知上的不足

目前，相当一部分酒店的管理者缺乏专业知识能力，认知能力也不够，他们认为投入大量的成本购买和研发数字化信息系统，短期内见不到明显的成效和面临成本投入上的风险，因此会故步自封或购买与酒店关联度不高的系统，从而导致更大的损失。

2. 信息技术上的局限性

对于服务行业而言，让顾客满意永远是企业经营的宗旨。能否使老顾客成为永久的顾客，是衡量一个酒店服务的质量标准；酒店入住率的高低和经济效益好坏是衡量一个酒店整体服务优劣和生存发展能力强弱的根本要素。目前，相当多的酒店在信息技术领域缺乏熟练

的专业服务和管理人员，当系统出现问题时不能独立完成事故的处理工作，而作为信息技术的研发人员对酒店行业缺乏深入的了解，从而导致信息技术功能与酒店需求上的错位。

3. 信息系统的不完整性

信息系统的不完整性导致酒店各运营部门依然使用独立的信息系统来完成部门之间的业务，如前台预订系统、宴会销售系统和财务统计核算系统等，这些独立的专业系统，只能提高所在领域的工作效率和管理职能，各系统之间在业务管理和流程上不能完全有效地协同工作，从而降低了信息系统的高效协同作用。

四、酒店管理信息系统建设的意义

1. 酒店管理信息系统的品牌意义

融入数字化技术，可以将酒店的品牌与酒店自身经营管理模式相结合，彰显独特的酒店品牌文化。在拓展酒店发展的同时，数字化宣传也提高了酒店的美誉度和品牌的影响力，以及在数字化移动终端的市场占有率。酒店将带有数字化技术的品牌进行传播，可以体现酒店整体的价值观，规范员工行为，提高顾客对于整个酒店的智能化认知，从而吸引客源。

2. 数字化酒店顾客满意度的意义

客户忠诚度是酒店以及企业对客户进行管理及数据收集的重要因素。随着数字化技术的不断加深，数字化技术的线上营销已越来越成为潮流，酒店可以利用网络提高曝光率，增强顾客认知度。数字化为顾客提供了多元化、个性化的服务，使每位顾客充满归属感。忠诚客户对于数字化线上营销提供了极具稳定的销售额，所以酒店要创新产品类别，提升产品质量，重视客户投诉。此外，数字化线上营销模式具有便捷性、多元性等特点，很多网站在交易成功后会发送短信、电子邮件等来提升顾客的信心，使顾客感到安心，这也是建设数字化酒店与传统零售服务行业的差别。

3. 数字化酒店发展的意义

数字化酒店行业具有广泛性和包容性，它可以通过数字化终端应对来自其他国家不同行业的人们，甚至可以满足不同语言的人群，真正做到了包容性，并向顾客提供更加个性化的服务。酒店行业本身就属于有形服务和无形服务的结合，因此将数字化信息技术与酒店服务体系相结合，必将有利于提高酒店经营管理水平以及服务水平。例如：顾客在前台办理入住时，通过办理一张房卡，可在整个酒店实行一卡通流程，将住宿、餐饮、娱乐、休闲集为一体，所以数字化技术对于酒店的发展具有重要意义。

五、数字化背景下酒店管理信息系统的发展策略

1. 提升数字化技术管理和服务水平

（1）提升数字化技术，转变营销理念　随着数字化技术的迅速普及，各种新的技术平

台迎合酒店需要的系统大量涌现，酒店的数字化管理系统也进入了一个快速发展时期。这一时期也面临着很多阻碍，主要在于数字化建设进程的速度与客户在酒店需求上的不对等性，存在的问题主要是酒店经营者和消费者在观念上与心理上的差距。观念上的差距是因为酒店经营者认为酒店是传统的服务行业，考虑的仅仅是客房的入住率和酒店的整体销售业绩，没能从根本上理解数字化对酒店发展带来的驱动作用和潜在的市场份额。酒店是劳动密集型服务行业，IT 是技术密集型行业，不同的市场定位及属性导致了行业间的差异。酒店经营者对数字化理解上的差别和制作酒店系统的科技公司设计方案上的不同，也使数字化技术在酒店业并没有具体的规范流程。在未来的市场竞争中，只有加快我国信息化技术的发展水平，提升酒店经营者的管理理念，强化数字意识，才能在市场竞争中长效发展。

（2）提升服务意识和管理水平　当前，在新媒体及大数据背景下，新客户群体不断增加，与此同时酒店业对数字化和电子商务的需求，在参与市场竞争中起着至关重要的作用。对参与竞争的企业和管理人员的数字化技术水平，以及新媒体背景下的互联网知识能力储备水平的要求也大幅提升，对于员工的自身素质和服务能力要求都更加严格，尤其酒店的一些核心部门，如前厅部、人力资源部、财务部等核心部门，要求更专业的人员进行信息服务和管理，一旦出现操作流程不规范，将直接影响下一个顾客的入住流程，从而降低工作效率，影响酒店的收入。当然这种挑战不只是对员工，更是对酒店自身信息系统和管理模式的严峻挑战。如何让酒店管理适应数字化酒店管理模式的发展，是当前酒店业全面发展的机遇和挑战。

2. 多维度创新，完善酒店管理信息系统

加快实体经济建设、科技创新、人才资源协同发展是酒店业新的发展目标。酒店经营者应该加强技术创新、服务产品创新、产品组合创新等多维度的创新发展模式，使产品质量和服务体系在发展过程中相互影响、相互促进、协同发展。科技创新是实体经济发展的原动力，同时实体经济的发展、转型和升级也为科技创新提供了生存的空间和土壤，使两者在产业发展过程中不断完善。多元整合酒店的办公系统，协同运作酒店各个部门，加强酒店薄弱环节的技术系统培训，从而将酒店自身管理模式渗透于数字化技术之中，使酒店整体趋于智能模式上的协同发展。同时，酒店在数字化移动终端下，应将实体经济与虚拟经济进行融合，扩增消费群体以及改变酒店的经营模式。新产业发展背景下，酒店应赋予产品更多的展示、体验等诸多功能，如智能 e 房、智能点菜以及智能服务等酒店产品的展示。在数字化技术不断发展的今天，酒店应顺应时代发展的潮流，打破传统经营管理模式，力争在新的科技领域下打造酒店自有的线上平台，发展网络资源，激发市场活力，优化人才结构，从而推动行业变革、效率变革、数字经济变革。

3. 开展线上营销模式

酒店借用数字化技术，开展线上营销模式，可以从两个方面着手：①酒店自身要建立独具特色的网站信息，主要包括酒店简介、酒店产品更新以及酒店客户档案，使客户对酒店有整体了解，提高网站的应用性。网站信息不能停留在酒店介绍上，可以设计一个专栏，例如将与酒店有合作的线上网站平台进行铺列，并且提供本网站的进入方式或者链接，可以自动跳转，增强客户的消费信心。②拓展酒店合作平台，专门设置预订网站，将酒店产品以优惠价格展示在此平台中，提高酒店整体入住率，扩大酒店客户群，提升酒店知名度，从而增加酒店收入。例如，速8酒店注重设计自己本品牌的酒店网站，通过搜索引擎推广，直接运用数字化技术，将各大网站链接运用于速8酒店的平台，从而运用网络缩短了与其顾客的直接接触时间，提高预订效率。再如，上海洲际酒店的"优悦会"专门成立自己的网络论坛，打造与洲际集团旗下具有名牌标识的网站论坛，使顾客可以直接在网站上进行选择购买产品、点评等项目，提高顾客购买率，提升品牌认知度。

六、酒店管理信息系统的特点及优势

(一) 平台的先进性

国内较多的四星级、五星级酒店仍采用主机模式，多数是以小型机作为主机的多用户系统，这种系统将 DBMS 安放在主机上，数据处理和数据库应用程序全部集中在主机上，数据只能为多用户终端共享，因此当主机不堪重负时便产生数据处理瓶颈。酒店如果采用的是客户/服务器模式，在这种模式下，前后端具有自治和共享能力，在后端处理的数据不必在网络中频繁往返地传输，网上传输的也不是整个数据文件，而是客户请求命令和服务响应及数据记录，因此，网络上的信息流量大幅减少，这有利于解决数据处理和数据传输的瓶颈问题。

(二) 系统安全可靠性

酒店管理信息系统选用高性能网络文件服务器及工作站，使系统具备稳定可靠的硬件环境。利用双机备份、硬盘镜像等技术手段，提高了系统容错能力。合理地设计网络系统结构，使网络意外故障局部化，并提供多种排除手段。优良的软件设计使系统能妥善地处理因操作失误、理解错误、外部干扰等引起的各种问题，保证系统正常运转。

(三) 系统的灵活性

酒店管理信息系统采用星型拓扑结构，在扩展网络时，只需在集线器端口上增加几条电缆到备站点，十分简单、方便；软件按模块化设计，可任意裁剪、拼接，子系统的扩充只需在系统维护模块中进行设置就可完成。

酒店管理信息系统尽可能友好的用户界面除了通常的一些界面要求，如方便的菜单驱动、醒目的汉字提示、有效的在线帮助和出错的妥善处理等之外，成功地实现了远程与本地的统一。系统为所有用户设计了一个统一的界面，此界面既可实现通过网络查询权限规定的各行业信息，也可完成对本地业务的增删和查询工作。

　　酒店管理信息系统所有的资源、功能交由用户管理，权限控制到按钮，针对不同的用户组装不同的界面、分配不同的使用功能，不放心再加权限到按钮；突出以营销、预订、房源、房价等对营销具有影响力的信息处理。房价码可按年、季、月、周、日设定；强化以客源为中心的信息完整性、长久性、可操作性，建立了顾客档案为中心的用户信息管理系统；使用数据穿透查询技术，对数据进行多元、多层次的查询。

　　酒店集团管理系统采集各成员酒店的原始数据，对采集来的数据进行分类、汇总、分析等处理，形成管理决策所需的数据信息，产生各种分析报表；界面美观大方，操作方便；系统稳定，适应性强，操作灵活。

（四）系统的优势

1. 提高效率

　　（1）快速、简捷的操作　界面直观，操作使用简捷、明快，快速开房只需 3min。

　　（2）夜审功能　系统的夜间稽核产生的报表功能完备，为管理层提供决策数据，彻底结束手工报表的历史。

　　（3）强大的分类统计　系统可按各条件分类，让销售部及管理层随时可以得知回头客、协议单位的入住情况。

　　（4）消费排行　单次入住排行和顾客入住总排行显示回头客入住情况，可根据具体情况给顾客一定的优惠，或赠送会员卡、打折卡，鼓励顾客消费。

　　（5）详尽的房态信息　多达八种房态，且都有图标相对应，提供详尽、明了的房间信息。

2. 提高效益

　　（1）订房控制　完善的散客和团体预订功能可防止有房不能出租或满房重订的情况出现，可随时提供准确和最新的房间使用和预订情况，从而可提高客房出租率。

　　（2）营业收入的自动统计　收入汇总表使酒店管理层清楚了解各时期客源变化与收入结构变化，及时调整经营方式与策略。

　　（3）电话控制　电话自动计费及电话开关控制，可杜绝话费的跑账、漏账，并可防止服务员私打电话。

　　（4）授权控制　严格控制房价，不同的房价必须有不同的折扣授权，并可以报表的形式进行监控及查核。

　　（5）收银入账的管理　收银入账均只能红字冲销，不能修改当前记录，符合财务制度。

　　（6）对计算机权限的管理　各项功能均有严格的权限控制，保证各类数据不被无权过问的人观看和操作。

第三节 酒店管理信息系统的功能结构

一、前台系统

（一）概述

前台系统功能为 PMS（Property Management System，资产管理系统）酒店管理信息系统中最常用的功能之一，目前主流的国际酒店连锁集团多采用 OPERA PMS 酒店管理信息系统。

前台系统功能在设计上迎合不同规模酒店以及酒店集团的需求，为酒店前台工作人员提供了系统工具，以便其快捷高效地处理顾客预订、顾客信息收集、房间分配、房间设施管理、系统追踪要求，以及账户账单管理等。前台系统功能作为 PMS 的核心功能，常用在酒店的前台系统。

（二）前台系统的简单应用分析

信息技术在酒店客房服务中的应用主要体现在对顾客的入住引导、到店提醒、自助入住、定制服务以及为顾客提供消费服务上。

1. 入住引导

酒店前台为顾客提供的入住引导服务是通过在酒店里面布置引导牌来实现的；根据顾客所持的标识卡，并经过楼底系统、PMS 系统、电子牌控制系统、感知系统等对顾客进行一步一步的引导，让顾客可以在酒店中迅速、方便地找到自己的房间。所有入住酒店的顾客都可以享受入住引导服务。

2. 到店提醒

酒店的信息发布平台在接收到有顾客入住的消息时就会迅速将消息传递给前台人员，这样相关人员就可以做好相应的迎接工作。顾客的到店提醒服务一般只面向酒店的会员顾客。

3. 自助入住

酒店的会员顾客可凭借双频会员卡在酒店的自助设备上自行办理入住手续而无须亲自去酒店前台办理。显然，自助入住服务面向的也是酒店的会员顾客。

4. 定制服务

以信息技术为基础的定制服务系统可以根据顾客的入住信息设计出专门的服务预案，定制服务项目面向的只是酒店的高级会员。定制服务系统可以随时随地掌握高级会员的动向，因而也就可以提供及时、高效的服务。

5. 消费服务

酒店通过对顾客身份的识别可以很快地了解到顾客在饮食上的习惯以及偏好，那么就可以在此基础上为顾客推荐比较合心意的消费项目。这样不仅可以让酒店的顾客感受到酒店的用心，同时也可以增加酒店的盈利消费。

（三）前台系统在酒店管理中的地位

前台是酒店的核心部门。对顾客来说，前台就是酒店。顾客的需求、意见以及投诉都会通过前台向酒店反映。前台的工作是否高效，将会直接影响宾客的满意度。

PMS 的前台系统功能极其强大，酒店通过使用该系统，可以大大缩短为顾客办理入住的时间，从而提高顾客的满意度，同时便捷的操作也大大减轻了前台员工的工作负担，提高了他们的工作效率。

（四）前台系统在酒店管理中的作用

1. 通过"顾客档案"来获取完整及准确的顾客信息

系统通过"顾客档案"来收集每个客户（个人、公司、旅行社、团队等）的各方面的资料。这些数据可用来帮助酒店客户关系部门改善酒店的服务质量，帮助酒店市场部制定具有竞争力的销售策略，帮助酒店高层管理人员分析业务利润来源。它的不同的模块都有独特的功能。

（1）客户管理模块 该模块的功能实现了对顾客信息的管理，客户一旦申请入住，必须准确地填写自身的相关信息和出示相关的证件。如果客户曾经入住过，那么在下次入住添加客户信息的同时，专门为系统设计的自动查找功能将会给出相应的提示信息，酒店可以根据自身的商业规则对入住价格打折。

（2）客房管理模块 该模块的功能实现了对客房信息的管理，并且可以根据客房编号来查找客房信息。客房分为几个等级标准，客户在订房前可以通过计算机查询空闲的房间，根据自己的意愿向服务人员提出要求。

（3）订房管理模块 该模块的功能实现了对订房信息的管理，顾客一旦入住酒店，酒店会收取一定数额的押金。对于新客户，添加入住信息的同时，个人的信息也一并录入；如果是老客户，就只录入入住信息，与此同时，原有的客户信息的备注里有信息追加。

（4）票务管理模块 该模块的功能实现了对票务信息的管理，顾客可以在酒店预订下一个目的地的票务，可以是铁路、水路和民航机票，但必须缴纳不少于实际费用的押金。非入住客户也可以来酒店订票。

（5）餐饮管理模块 该模块的功能实现了对餐饮信息的管理，顾客可以自由选择在酒店订餐，但也必须预先缴纳一定的押金。非入住顾客也可以来酒店订餐。

（6）结算管理模块 该模块实现的功能主要是对订房、订餐、订票进行结算。

2. 前台入住手续便捷

前台操作是整个酒店运作的焦点，前台会给顾客留下他对酒店的最初及最后的印象，这个印象往往是顾客决定"永不再回来住"或"建立长久关系"的因素之一。

前台系统功能包括如下特点：自动客房预留、一键操作办理入住、快速散客入住、集成手持计算机功能远程办理入住。

3. 系统 Q 房，尽快入住

前台系统功能中的 Queue Reservation 功能保证员工随时了解房态信息，包括净房、脏房、在检查房、已分配客房、需修补客房、小修客房。这些信息将帮助酒店把房态冲突的可能性降到最低，同时可以有效地安排客房的清洁工作，并且提高酒店信誉和服务完善度。

4. 按预订需求快速排房

PMS 提供了强大的预订功能，使操作人员完全可自我控制预订，包括远期预订。Room Assignment 功能只需几秒就可以合理分配房间，而且又满足顾客需求。在酒店出租的旺季，时时的客房可使用率查询保证了预订结果。

5. 瞬间即可查询到顾客任何时期的入住信息

PMS 拥有多个快速查询功能，可以提供准确、实时的可用房的信息，给酒店再次入住的顾客提供方便，可以通过顾客姓名立即进入信息的任何层面，了解顾客各方面需求、偏好、满意度等信息，为忠实客户提供更好的服务。

（五）前台系统对酒店管理的影响

前台系统是整个酒店运作的焦点，主要用于为预抵达酒店的顾客和住店顾客提供服务。该模块功能极其强大，可以处理个人客户、公司、旅行社以及无预订客户的入住服务，还设有房间分配、客户留言、叫醒服务以及部门之间的内部沟通跟进服务等功能。它的应用大大缩短了办理入住的时间，使顾客的满意度得到提升，同时便捷的操作也获得前台员工的满意。

前台系统记录了顾客的各种信息，为顾客提供更贴心的服务，与顾客息息相关。

前台系统帮助酒店实现了快速服务，减少了人力成本。

二、后台系统

（一）概述

随着我国经济的快速发展，酒店经济日益繁荣，如何对酒店入住旅客信息进行有效的管理，这是摆在酒店管理者面前一个重大的问题。为做好酒店入住顾客信息管理这项工作，提高工作效率，更好地为经济发展服务，结合酒店实际情况，可自行研制一套酒店入住顾客信息管理系统。在目前的酒店管理中，虽然应用了计算机进行管理，摆脱了全手工的管理方式，但由于没有一套统一的方式、方法和软件系统支持，仍然存在着诸如数据分散、不一致、可利用率低等问题，以致影响了工作效率的进一步提高。目前，互联网发展日新月异，网络的应用为酒店管理迈向一个新的台阶提供了良好的基础。酒店管理信息系统可以进一步充分利用这一有利条件，开发一套完全网络化的酒店入住顾客信息管理系统，进一步提高工作效率，使之更加便捷。

订单管理是后台系统中较为重要的一部分，它记录了所有的交易数据，可以对订单进行监控和操作，与用户、运营、财务等都有着密切的关系。以下就来总结一下后台系统中订单管理的设计。

信息社会的高科技，商品经济化的高效益，使计算机的应用已普及到经济和社会生活的各个领域。计算机虽然与人类的关系越来越密切，但还有人继续用手工劳动。为了适应现代社会人们强烈的时间观念，酒店客房管理系统软件为酒店管理带来了极大的方便。该软件是以汉语编程语言为实现语言，功能在系统内部有源代码直接完成。通过操作手册，使用者可以了解本软件的基本工作原理。操作人员只需输入一些简单的汉字、数字，即可达到自己的目的。

目前，市场上可以选购的应用开发产品很多，流行的也有数十种。在我国市场上较为流行、使用较多、较为先进的可用作企业级开发工具的产品有：Microsoft 公司的 Visual Basic、Visual C，Powersoft 公司的 PowerBuilder，Java 等。

数据库之间的关系指明两个库共享一个共同的关键字值。一个连接是指一种虚拟的表，这种表是在当用户要求从相互关联的各个不同的表中获取信息时建立的，关键字段用于在相互连接的不同表中查找匹配的记录。一个更高级的连接形式称为自连接。这种连接是指一个表被连接到它自己的一个字段，或在不同的纪录中由重复数据的组合字段。

一般来说，订单管理后台的操作用户都是公司内部人员，但需要支持的实际上还有客户端用户的需求。所以在设计时，订单管理系统需要包括两部分内容：一是要能够与客户端用户在整个订单流程中各个场景的操作相对应；另一个是要能满足公司内部相关部门的需求，包括财务、采购、运营等。

（二）内容

1. 订单流程

首先，在设计后台前，需要明确的就是客户端用户的操作场景以及在该场景中后台需要支持的操作。如图 2-10 所示，是一个简单的订单流程。

当然，在实际业务中，订单流程远没这么简单。例如，在用户结算付款或者取消订单、退款、退货流程中，可能还会涉及满减、满赠、优惠券、打折、积分抵扣等情况。所以，在用户结算时，就会涉及不同模块和数据的交互（一般来说，满减、满赠或者运营活动相关的数据，都有单独的表记录），反之，取消订单、退款和退货也是如此。

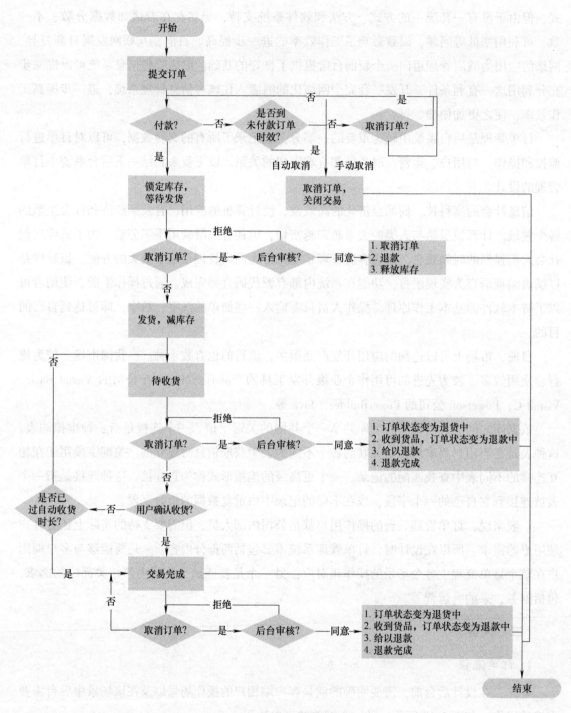

图 2-10　订单流程

订单流程信息系统的功能包括以下六个方面：

（1）预订功能需求　它的主要目的是提高酒店的开房率，为顾客预留房间，并提供良好的预订服务。预订功能需求包括预订查询、确认可用房、预订记录建立、预订确认、预订记录维护等。

（2）接待功能需求　它的主要目的是以最快的速度为顾客开房。接待功能需求包括宾客登记、确认可用房、修改宾客信息、删除宾客信息和查询宾客信息等。

（3）结账功能需求　它的主要功能包括顾客结账、打印报表和顾客挂账等。

（4）调房功能需求　它的主要目的是满足顾客调房的需要。它的主要功能是查询客房、调房登记、调房确认等。

（5）客房管理功能需求　它的主要目的是对客房的信息化管理，提高客房管理的精度和准确度，同时减轻酒店客房中心员工的工作负担，从而提高客房管理的效率和服务质量。它的主要功能是房态维护，费用记录和顾客查询等。

（6）查询功能需求　它的主要目的是满足顾客的需要，快速查找相应的房间和信息，提高服务的效率和树立酒店良好的企业形象。它的主要功能包括房态查询、房间类型查询和房间价格查询等。

2. 订单状态

系统操作人员明确了订单流程之后，就可以知道从订单创建到交易完成整个过程中所包含的状态。整个流程可分为未付款、已付款待发货、已发货和已收货四个阶段，涉及的模块主要有支付和库存。图 2-11 介绍了订单在各个阶段所涉及的内容。

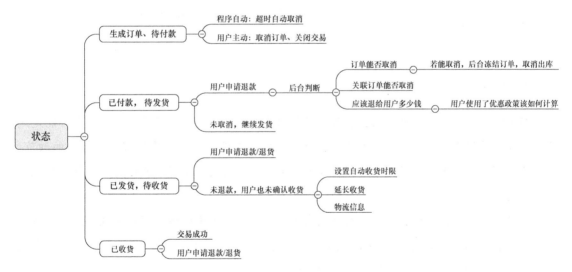

图 2-11　订单状态

3. 订单列表设计

前文概述了订单运转流程及主要状态，下文介绍一下订单列表的设计。

首先，列表是数据的展现。数据的展现来自实际的需求，除了上述所说的状态及操作外，还有一个重要因素就是订单信息。订单信息的详细与否直接关系到订单的跟踪以及后续数据的分析。对于整个系统来说，数据是极为重要的部分，所以在设计字段信息时，需要尽可能的全面。

从内容上来说，订单的信息主要包括商品信息、支付信息、物流信息等，如图 2-12 所示。

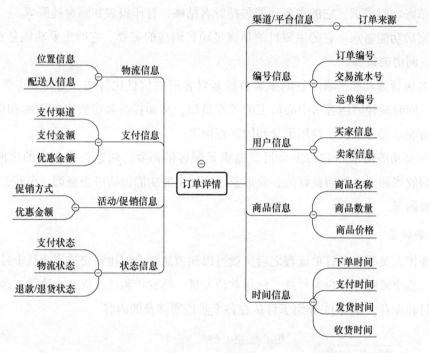

图 2-12　订单信息

知识补充

在实际公司业务中，可能还会涉及向经销商直接供货的情况，可能是线上，也可能是线下。但即使是线下，订单也是需要进入系统的。因此在设计时，需要了解业务操作的细节，如果是线下订单，需要考虑订单的创建人可能会是哪些角色，不同角色创建的订单流程也会有所不同。

从结构上来说，订单页面其实就是列表页，主要包括搜索区域、列表区域和操作区域。

（1）搜索区域　在订单列表中，因为涉及的信息和状态比较多，所以为了提高工作效率，需要将常用的重要的条件作为筛选项，以便于快速查找。一般情况下，搜索区域主要包括：订单编号、订单状态、付款状态、退款状态、交易时间、支付渠道、平台、区域等，根据业务范围而定，当然，显示哪些条件，还要看权限等级。

（2）列表区域　前面已经介绍了订单详情，包含的信息较多，所以后台列表中不可能直接显示订单相关的所有字段，此时就需要有所取舍，选择比较重要的字段，如订单编号、支付流水号、订单状态、退款状态等信息。剩余的其他信息，可以通过下级页面或自定义菜单来显示。这里需要特别注意的就是订单的状态和操作，在设计前，需要对业务流程相当熟悉，明确场景中的每种状态以及各状态下的操作权限。

（3）操作区域 对于订单的操作，基本上就是一些确认、审核、锁单、跟进、退款等。

4. 其他因素

（1）订单是否需要拆分 比如 OTA 中的订单系统，一张订单可能会被拆分为酒店子订单和各种单项子订单，而这些子订单有可能是由不同的人去处理，而且有时候需要支持客服人员在订单中继续增加子订单，电商平台也一样，通常会包含一个主订单号和多个子订单号，这时就需要考虑在退货/退款时是否支持根据子订单的维度退款。

（2）订单的取消 除了客户，酒店内部人员在哪些情况下可以主动取消订单，而该种情况下取消订单，流程该如何操作，又该给用户怎样的反馈。

产品/商品来源：在用户下单前，是否已有库存，当然，在一般的电商系统中，基本上是已经有库存才可以售卖的，但比如在 OTA 这样的订单系统中，产品即服务，是具有不确定性的，所以在生成订单的时候，同时要根据其子订单生成对应的供应商订单，用户下单后，企业再去向供应商下单预订，其实类似于代售的情况。

（3）订单生成规则 一般情况下，商品的来源和渠道各不相同，很多时候为了便于区分，就需要在订单的生成规则里加入一些特殊的字符进行标识。

（4）活动订单 当平台在做活动时，商品的价格一般会出现大的波动，那么就需要考虑此时下的订单是否需要单独管理。

（5）订单数据问题 在实际运转中，可能还会出现不同表的订单时间不一致、数据延时、订单重复、漏单等情况，这些都需要引起重视，及时优化程序。

（6）权限问题 不同部门、不同级别的账号，会拥有不同的数据权限和操作权限。

实现对用户信息的管理，用户信息包含用户编号、用户名、密码和用户级别。用户编号不显示在前台界面上，用户根据用户名和密码登录。用户登录时系统可根据用户名自动识别该用户的级别，不同级别的用户系统赋予了不同的权限。

1 级用户：这类用户主要是高级管理人员，他们登录后看到的是关于酒店总体运营的信息，能及时了解酒店的盈亏状况，并以此为基础来制定相应的管理措施。这类用户只有对数据库的查询权力。

2 级用户：这类用户是本系统的管理员，负责管理和维护数据库。他们必须熟悉酒店全部数据的性质和用途，熟悉系统的性能，负责用户访问数据库的权限设置以及数据库的转储和恢复等，监督数据库的运行。这类用户有操作数据库的权限，例如可以进行客房信息的录入、修改、更新等；可以有添加和删除用户，更改用户的权限；前台操作员误操作时，协调操作员进行信息的修正等；根据管理层的新举措，如旺季与淡季的价格变化、促销等，修改房间的价格；分析系统的运营，得到分析报告，及时向管理层反馈运营信息。系统设计时利用自定义的触发器来实时跟踪这类用户对于数据库所做的各类操作。

3 级用户：这类用户主要是酒店前台的操作员，负责顾客信息、客房信息、订房信息、餐饮信息、票务信息、结算信息的查询，顾客信息、订房信息、餐饮信息、票务信息、结算信息的录入，以及其权限范围内的修改等。系统设计时也利用自定义的触发器来实时跟踪这类用户对于数据库所做的各类操作。

4级用户：这类用户主要指入住酒店的客户和非酒店入住客户（仅在酒店订餐或订票）的人员，他们只有查询的权限，如客房信息、餐饮信息、票务信息的查询。

数据库已成为一个部门机构的基础设施的集成部件，体现了一个部门机构在当今社会中所保持的竞争优势，而安全的机制是管理数据库的必要组成部分。对于涉及商业运营的酒店综合管理系统功能模块的实现与合理的权限规范，是衡量系统性能优劣的重要部分。良好的系统安全性设计能使各级用户合法地使用数据库，以确保各级用户在其权限允许的范围内尽其所能。

三、扩充系统

智慧酒店的实质是为顾客打造个性化的服务模式，是将每个游客当成一个不同的个体来对待，以提升服务质量、效率和水平，方法是将游客数据信息整理，形成智能决策。例如，为了满足每个客户不同用餐习惯和方式的要求，酒店可以在餐厅的门口设置一个由服务员、智能决策中心、顾客三方组成的智慧服务系统。当顾客准备就餐来到餐厅时，他佩戴的电子标签上的数据会被及时传送到智能决策中心，决策中心通过对数据信息的分析处理，将顾客用餐习惯和方式传达给服务人员，服务人员引导顾客进行就餐。这种系统还可以应用在智慧旅游过程中的集体活动、大型会议、大型宴会等方面，可以通过及时了解相关人员的信息，为游客提供有针对性的"私人定制"式的服务，提升旅游服务的水平。

知识拓展

酒店管理信息系统可以增强酒店服务。酒店管理实质上是对酒店运营过程中人流、物流、资金流、信息流的管理。管理信息系统的管理就其表现形式看，是对酒店大量的常规性信息的输入、存储、处理和输出，可以说管理信息系统的管理是人工管理的最大协助者。酒店每天对客房状况的统计、订房信息、登记信息的记录、提供查询、为顾客提供结算账单等工作的业务量很大，用手工方式进行上述业务运作，速度慢，需要的人手多，出现错误的可能性也大，利用管理信息系统可以大大提高业务运作的速度和准确性。

酒店管理信息系统可以提高酒店品质。由于计算机处理信息的速度很快，可以大量减少顾客在住宿登记、用餐、娱乐、购物、结账时的等候时间。管理信息系统可以对住店顾客提供及时、准确、规范的服务，大大减少差错的可能性，并随时进行有关信息的查询，为顾客提供诸如叫早、留言等服务，有利于酒店开拓客源市场，树立特色形象，从而提高酒店的品质。

酒店管理信息系统可以有助于酒店未来发展。面对市场的激烈竞争，酒店需要对各种营业进行预测分析，对酒店经营状况进行全面分析，而酒店管理信息系统既能及时提供历史资料和当前数据，又可以提供同期对比分析及其他分析的模式，使管理人员很方便地完成复杂的分析工作。信息化技术在酒店管理中的应用无疑是对酒店未来的发展有益处的，在管理的效率、成果上都有传统管理方式比不上的优点，因此酒店信息化管理是大势所趋。

第四节　酒店管理信息系统的发展趋势

20 世纪 60 年代，计算机开始用于业务处理，使很多业务处理（如工资计算，库存管理）自动化，企业内部积累了许多资料。人们将这些经验用于管理方面，即产生了管理信息系统。第三代、第四代计算机的出现，为管理信息系统的发展提供了坚实的物质基础。管理信息系统是在事务处理系统的基础上产生的，它的数据来源依赖于低层的事务处理系统。

管理信息系统把提高信息处理速度和质量扩大到组织的各部门，可以减少管理费用，增强组织各职能部门的管理能力，强调数据的深层次开发利用，强调系统对生产经营过程的预测和控制作用。

20 世纪 70 年代初期到 70 年代中期，是管理信息系统的完善时期。管理信息系统在理论和方法上都取得了重大的发展，主要内容有：建立了管理信息系统的规划方法，强调系统化、工程化以及系统开发思想在软件中的应用，主张企业把系统的筹建、组织、设计、开发直至运行均列入计划；建立管理信息系统分析和设计理论，强调对系统进行结构化分析、设计；建立管理信息系统的组织理论，企业的组织结构会影响信息系统的建立。反之亦然。

典型的管理信息系统只包含组织内部的数据，而不包含外部数据。大多数 MIS 使用简单程序，而不是复杂的数学模型或统计技术，支持作业和管理控制层的结构化和半结构化决策，对高级管理层的计划工作虽然有用，但是面向报告和控制，依赖公司现有的数据和数据流，分析能力同决策支持系统相比较差，灵活性也不够，需要较长的分析和设计过程。新型的管理信息系统则是灵活的。

基于互联网的管理信息系统突破了传统的概念，使企业信息的交流与共享方式发生巨大变化。

一、智能化

从员工管理看，酒店管理信息系统可以通过打卡、签到等数据自动化的检查了解员工的工作情况，还可以据此给以相应的奖惩，实现智能化的管理员工。从酒店内部管理看，可以实现销售收入及成本数据等自动计算，极大地节省了人力劳动成本及时间成本。从营销推广方面来看，酒店管理信息系统与互联网的连接，实现了广告等宣传信息的直接推送，进而实现了移动终端的宣传信息推送，极大地提高了智能化的程度。

(一) 酒店管理信息系统由信息技术向数据技术的转变

互联网技术的飞速发展，使酒店管理信息系统朝着更长远的方向发展。为了更好地解决酒店管理的营销问题、管理问题以及客户需求偏好的分析，可以借助大数据技术来多元化地分析客户多样化的需求，与云计算技术综合在一起让大数据库与客户需求偏好联系在一起，让酒店管理朝着云酒店管理信息系统的模式发展。

(二) 酒店管理信息系统在技术辅助下不断创新服务功能

互联网的飞速发展让人们的生活变得更加便捷，线上预订酒店成了发展的主流趋势，酒店管理信息系统在设计完善的时候要能够更准确地抓住线上顾客的需求，在移动端抓住顾客的需求，与主流的通信服务商合作推广酒店的个性化服务，力求通过线上平台的完善吸引更多的顾客光顾。

酒店管理在技术更新的过程中还要设计更多的个性化功能，增强人性化的服务特色，借助管理信息系统和智能化的机器人来完成顾客对酒店服务的不同要求，让顾客在酒店居住的过程中享受全新的体验，同时还可以为酒店吸引更多的顾客，获得更多的收入。

(三) 酒店管理信息系统的完善要注重保护顾客的隐私

随着信息化程度的加快，越来越多的信息泄漏问题在社会中发生，酒店管理信息系统的完善要注意保护顾客的基本信息，强化安全管理。在登记入住的时候，对顾客信息的识别有助于完善酒店的初级安全管理，针对顾客的隐私信息，与公安系统的保障联系在一起，让强大的安全网络解除顾客对信息泄露的后顾之忧，使顾客在享受酒店服务的时候能够更加舒适、放心。

(四) 酒店管理信息系统在互联网技术的辅助下朝着智慧化的方向发展

借助互联网的发展优势，酒店管理信息系统要朝着智慧化的方向发展，将顾客预订、酒店管理、营销服务以及后续管理综合在一起，建立完整流程的体系化服务模式，使顾客在享受酒店服务的过程中拥有一定的自主性，根据自己的生活习惯选择喜欢的娱乐方式。在智慧化的顾客服务端口，顾客可以自主地办理预订、入住、退房、开票等业务，增加了酒店服务的便捷性，顾客的整个办理流程也变得非常便捷，这对于商旅顾客来说是一个非常强的吸引力，既享受了优质的酒店服务，又操作便捷。

在智慧化的进程中，应该注意以下几点：

1. 加强信息管理制度

统一管理与入住顾客相关的信息，包括预订、接待、收银、夜审、客房、报表、客史、协议单位、应收账、系统维护等，覆盖预售、销售、售后三个时期的顾客信息、财务、客房历史数据管理控制。

2. 加强信息安全管理制度

酒店移动信息化应用管理将向智能化、安全化、简捷化方向全面提升。随着国内酒店移动信息化应用方兴未艾，顾客对于酒店服务的便捷性、安全性以及智能管理等方面提出了越来越高的要求。智能化表现为酒店移动系统能有效记录每位顾客的个人喜好，智能控制系统能根据数据库中的信息为顾客提供多种个性化的服务；安全化表现为能充分保证顾客移动资金交易、信息传输的安全、可靠；简捷化表现为酒店移动管理系统的充分"傻瓜化"，一学就会，一点就通，简便易用。

3. 及时更新信息技术

利用计算机强大的数据处理和传递功能，将更多的人力资源用于对客服务，减少工作失误，及时更新信息技术。

二、集团化

（一）节省成本

酒店管理系统集团化使应用系统和数据集中存放、集中处理，可以减少服务器等硬件投入。此外，酒店物资采购量大，成本难以控制成为酒店经营的一大难点，通过系统集团化，总公司可以将订单统一汇总，集中批量采购。

（二）实现低成本扩展

酒店管理软件集团化可以统一的顾客资源管理平台、物资收购平台，培育和提升酒店集团连锁性经营的竞争优势，实现全系统顾客资源共享，为连锁化经营发展奠定基础。建立一个统一的预订、投诉、促销等服务平台，帮助集团酒店实现统一管理，树立品牌形象。同时为酒店扩展战略提供技术支持，可实现低成本扩展。

（三）为酒店制定发展战略提供数据支持

信息统一协调，以顾客为主线，顾客主单经预订或直接登记入住操作而产生，在顾客离店后使用系统维护功能备份后清除。对应三个销售时期，顾客主单以预订、在住、离店三种状态存在，酒店管理系统对不同状态的主单信息及相关操作进行相应的管理控制。

知识补充

关于酒店管理工作中的大数据

大数据的概念和发展

大数据是指以多元化形式，根据众多来源搜集信息，并将其汇总成一个巨大的数据库。一般情况下，大数据具有实时性，这些数据源于社交网络、电子商务网站或者顾客的来访记录等，而这并不是企业与消费者关系管理数据库中的常态数据。在大数据库中，蕴藏着数据生产者的喜好、目的、真实意图等非传统结构上的数据信息，有效处理这些数据信息对网络架构及数据处理能力带来了更多挑战。同样，从酒店管理的未来发展走向来看，随着大数据时代的不断推进，酒店领域的大数据化也正处于发展阶段，这就需要酒店正视大数据时代的发展优势，紧紧抓住发展机遇，切实提高酒店管理工作的效率和质量。

大数据应用于酒店管理工作的现状

对大数据的认识不全面：在不同时代，酒店行业的发展会遇到不同的机遇和挑战，伴随大数据时代的不断发展，酒店行业也得到了更广泛的发展平台。所谓大数据，就是将顾客的资料信息进行综合归纳和整理，以便作为酒店的重要数据基础，从而促进酒店行业的快速发展。在采集顾客数据的过程中，仍然存在很多纰漏和不足，而且由于很多酒店对大数据的认识不够全面，往往导致数据库失去其原本作用，徒有形式而没有实际作用。

应用程度较低：很多酒店在进行顾客数据整理与利用方面存在或多或少的缺陷，其中多数酒店仅仅将大数据应用于销售营业报表以及盈利预算方面，疏于对这些数据的进一步开发与分析，导致数据信息没有真正发挥在酒店市场营运方面应有的作用。由此可见，在现代酒店管理工作中，很多酒店对大数据的应用程度极低，在很大程度上影响了酒店行业的后续发展。

酒店基本服务设施不配套：对一个优秀的酒店而言，服务质量和水平不仅体现在为顾客提供的优质餐饮方面，更体现在酒店客房别具一格的设计上。然而，很多酒店的基本服务设施不配套，也影响了消费者对酒店服务的满意程度。因此，为了解决这一问题，各大酒店企业必须充分考虑消费者的隐私问题，采取智能门禁、智能取电开关、智能计算机网络等先进设备，提升消费者的满意度。

酒店管理工作中大数据的具体应用

应用标准化酒店管理，简化数据管理：在酒店管理工作中，为了保证数据科学化与自动化，就必须采取良性循环发展的管理模式，应用标准化酒店管理，简化顾客信息数据管理。另外，酒店也要根据技术与市场的不断发展做出相应的调适，充分运用大数据，达到推动酒店行业快速发展的终极目的。

确保大数据运用的安全性：目前，由于大数据技术系统仍然存在漏洞，在酒店管理服务工作中常发生顾客信息泄露等问题，而这也严重威胁酒店行业的经营与发展。因此，酒店大数据管理系统必须及时更新，并通过设计具体管理部门，对顾客信息加密，保证酒店信息的正常流动。由此可见，确保大数据运用的安全性，能够有效提升消费者的满意程度，从而增加酒店的收入。

加强酒店管理信息系统的开发：面对大数据时代的发展与推动，酒店行业必须积极应对挑战，及时加强对酒店管理信息系统的进一步开发，充分发挥在线旅游平台的优势，从而建立独立的数据收集与整理平台，通过对信息的归纳与分析，帮助酒店企业更好地了解消费者的实际需求。

三、集成化

（一）子系统高度集成

酒店需要一个统一管理系统，每个子系统不只是简单实现单一功能，应该有完整的数据接口的智能控制单元，达到控制及被控制的目的。例如，入侵探测器检测到外界入侵信息，通过接口，信息自动传到总控室，控制系统通过接口操作，监控摄像机对准报警区域监视、录像，门禁系统将报警区域周边的出入口封闭等，其他相关部门立即做出相关操作。

跨子系统的联动将原本各自独立的各类设备或子系统结合成为一个统一的大系统，在不同子系统的信息点和控制点之间建立联动关系。这种跨子系统的控制流程充分发挥了各设备或子系统的功能，进一步保障各种设施的安全、稳定和高效运行，提高酒店的管理水平和品质。如 BAS 与火灾自动报警、安全防范等系统间的联动，安全防范系统与城市 110 报警指挥中心的联动，公共广播与消防系统的联动等。

（二）软件产品集成化

以往的软件产品仅适用于某项或几项管理的操作，相应的程序都是专门针对某一具体事务所编写的，而不是从整个酒店的角度出发，这种单项模块式软件显然已不适应现代酒店电子化经营的需要。

国内一些成熟的酒店管理软件基本上能符合酒店管理一体化的需求，通过提供一系列的、高度集成的酒店管理软件产品，如前台系统、餐饮系统、人事系统、采供系统、接口系统、物流系统、扩展系统等整合型的软件来为酒店经营服务。

第五节 常见的国内外酒店管理信息系统

一、国内常见的酒店管理信息系统

（一）中软好泰酒店管理软件

北京中软好泰科技有限责任公司（简称中软好泰），成立于 1995 年，是国内著名的高端星级酒店提供一体信息化解决方案的供应商。中软好泰在 C/S 模式（Client-Server Model，客户–服务器模式）中处于领先水平，该酒店管理信息系统软件中房态图清晰直观，可添加自定义报表、退房、入住提醒功能等，不过该公司的这款酒店管理信息系统软件价格比较高，且系统程序操作比较复杂，需要鼠标、键盘同时操作，明显降低了员工的工作效率。

（二）西软酒店管理软件

杭州西软信息技术有限公司始创于 1993 年，为 C/S 模式，通过自主研发的 XCS 产品、XMS 产品及移动产品三大系列。西软酒店管理解决方案致力于以新一代云架构为国内四星级、五星级中高端酒店提供灵活、便捷且功能强大的酒店管理信息系统，高度整合酒店业务，助力酒店智能转型升级。西软酒店管理信息软件系统的运行相对比较稳定，开发了智能、灵活、快捷、多角度移动互联产品，便于管理者随时随地简单操作，同时提升管理效率，真正实现掌上管理酒店。

（三）千里马酒店管理软件

广州万迅电脑软件有限公司成立于 1992 年，专注于为酒店行业提供全方位的信息管理解决方案。千里马（Pegasus）是该公司的一款功能全面的酒店 PMS 解决方案，它提供包括酒店前台管理、餐饮管理、宴会管理、会员管理、票券管理与核销等多种产品模块，可为用户提供周详全面的使用体验。Pegasus 在我国中档及中档以上酒店/酒店管理集团中拥有超过 4000 家客户。

（四）金天鹅酒店管理软件

长沙金天鹅科技有限公司旗下的金天鹅品牌创立于 2003 年，是一家酒店行业科技服务提供商。作为用科技推动酒店产业进步的专业机构，该公司采用云计算、大数据、人工智能技术，打造提效率、降成本、带订单、增收益的"酒店快速盈利"整体解决方案。金天鹅酒店管理信息系统操作简单，业主、店长、前厅、房务、财务、工程各岗位通过信息化工具，高效协同，有据可查，有据可依。减少以往靠嘴、靠纸、靠人工苦力完成工作，通过在线化、移动化、数据化，显著提高运营、决策效率，专为中小酒店老板解决酒店经营管理难题。

二、国外常见的酒店管理信息系统

（一）Fidelio 酒店管理信息系统

Fidelio 酒店管理信息系统是世界著名的酒店管理信息系统。它的公司是 1987 年 10 月，在德国慕尼黑成立的 Fidelio Software GmbH。该公司成立仅四年就成为欧洲顶尖的酒店软件管理供应商，成立六年跃居世界酒店管理信息系统供应商之首，之后并入美国 Micros System Inc 公司。1995 年 Micros 成立中国分公司——上海富达。2003 年北京中长石基信息技术有限公司从 Micros 公司取得了 Fidelio 和 OPERA 中国唯一的销售许可。目前，艾玘信息科技（上海）有限公司对 OPERAPMS 具有中国地区的销售代理许可。

（二）HIS 酒店管理信息系统

HIS 酒店管理信息系统全盛时期在全球有 80 多个国家的 4000 多家用户，它的公司总部位于美国的洛杉矶。HIS 原标准多用户系统，多用于高星级酒店，之后推出 Innovation System，用于中高星级酒店，后来又推出龙栈系统。

（三）OPERA 酒店管理信息系统

OPERA 酒店管理信息系统是美国 Micros System Inc. 公司对 Fidelio 的全面升级版，包括六大模式，在国内外高星级酒店 VI 设计中被广泛使用。

（四）ECI 酒店管理信息系统

1969 年，美国易可（ECI）公司开发了 ECI 酒店 VI 设计管理信息系统，被公认为是世界上最早研发的酒店 VI 设计管理信息系统。它的功能主要包括预订、排房、结账、客户资料存档、餐厅、查询、夜审及市场分析等。ECI 是美国加州电子工程公司（EECO）所属的子公司，因此该软件也称为 EECO 系统。1970 年，位于夏威夷的喜来登酒店安装了全世界第一台 ECI 酒店管理信息系统，它在鼎盛时期用户达到 600 多家，我国有 60 多家。

课后习题

1. 简述酒店管理信息系统的概念。
2. 简述 C/S 模式和 B/S 结构的优缺点。
3. 简述酒店管理信息系统的功能结构。
4. 结合实际，谈谈酒店管理信息系统的发展趋势。
5. 简述酒店前台系统和后台系统的概念。
6. 通过查阅资料，总结国内酒店管理信息系统有哪些类型。
7. 怎样利用酒店管理信息系统为酒店创造竞争优势？
8. 作为一个小规模酒店，应如何利用酒店管理信息系统的信息通信技术提升自己的经营优势并实现经营模式的转型？

案例分析

阿里无人酒店

2018 年 11 月，酝酿两年的阿里无人酒店正式开业，整栋楼没有一个服务员，却比任何一家酒店更安全、干净、舒适。阿里旗下飞猪旅行近日公布，阿里无人酒店取名未来酒店，位于杭州西溪园。它全程没有任何人操作，没有大堂、没有经理，甚至连打扫卫生的保洁员都没有，所有事情统统交给了人工智能。

入住：顾客到达酒店后，一个 1m 高的机器人取代了传统的人工接待。它通过人脸识别技术，首先记住了顾客的样子。登记入住时，顾客只需在大堂自助机刷一次脸，这时后台就会对接公安系统确定住户身份信息。随后，顾客的个人信息就会覆盖酒店内全场景。这意味着顾客的脸从此成了一张通行证，无须任何服务员引导，只需刷脸就能享受酒店的所有服务。登记完毕后，电梯会启动等候系统，这时机器人带顾客去房间就不必再费时间等电梯了。电梯通过无感体控系统，识别顾客身份，判断乘坐电梯的意图后，最后直接在入住的楼层停下来。到达房间门口后，摄像头识别出身份，房门自动开启，顾客就能进去休息了。

吃喝玩乐：传统酒店进门必须插卡才能取电，但在阿里未来酒店，一切"反人类"的东西统统消失了。进门无须插卡，灯光会自动进入欢迎模式，电视机自动开启。房间内的空调、灯光、窗帘等设备全部不用手工操作，顾客只要对着天猫精灵下达指令，一切躺着进行就可以。登记时酒店系统会记住顾客身份，也就是说去餐厅、健身房、游泳池只需带着一张脸就行了。

例如，当顾客走进餐厅，人脸识别系统就会识别出他的身份和房间号，所点的餐品将自动被记录到消费清单。顾客不需要再结账或签单，用完餐或者健完身就能走。如果你不想出去，只需在手机上点单，机器人就能把食物和水送到你房间。

退房：在传统酒店退房时，前台会派保洁员前去查房，但在未来酒店，顾客只需在手机上退房，系统就会弹出顾客的所有消费金额。单击确认，随时离店。在离开房间的一瞬间，电梯也已经启动程序等候顾客了。此时，房间会自动生成一张打扫订单，就像滴滴一样，附近的保洁员接到订单就会前来打扫房间，酒店无须专门请保洁员。

未来酒店凝聚了阿里豪华的阵容：达摩院负责架构、阿里云提供大数据、人工智能实验室设计机器人、智能场景事业部完成酒店数字化运营和智能服务中枢、天猫则为酒店床品提供供应链。

思考题：

1. 阿里无人酒店的优势和劣势分别是什么？
2. 先进的科技和智能管理能否取代人类"有温度"的服务？

第三章　酒店电子商务

学习目标

1. 了解电子商务的定义、分类及酒店电子商务的需求
2. 理解电子商务在酒店业应用的优势
3. 能够具体分析酒店电子商务存在的问题

学习重点

1. 电子商务的定义和特点
2. 酒店电子商务的定义
3. 酒店电子商务的需求

学习难点

1. 电子商务的分类
2. 电子商务在酒店业应用的优势
3. 电子商务营销系统

第一节　电子商务概述

一、电子商务的定义

电子商务是指商家和用户利用互联网进行产品或服务的交易及其相关活动。它被定义为一整套通过网络支持商业活动的过程。其中，"电子"指的是采用的技术和系统；"商务"指的是传统的商业模式。

知识拓展

电子商务起源于计算机的电子数据处理（EDP）技术，是从科学计算向文字处理和商务统计报表处理应用的转变。1839 年当电报刚出现的时候，人们就开始了对运用电子手段进行商务活动的讨论。当贸易开始以莫尔斯电码点和线的形式在电线中传输的时候，就标志着运用电子手段进行商务活动的新纪元。

知识补充

Electronic Commerce（E-Commerce，电子商务）是由先驱 IBM 公司于 1996 年提出的。

二、电子商务的特点

1. 普遍性

电子商务作为一种新型的交易方式，将生产企业、流通企业以及消费者和政府带入了一个网络经济、数字化生存的新天地。

2. 方便性

在电子商务环境中，人们不再受地域的限制，顾客能以非常简捷的方式完成过去较为繁杂的商务活动，如通过网络能够全天候预订酒店、查询信息等，同时企业对顾客的服务质量得以大大提高。

3. 整体性

电子商务能够规范事务处理的工作流程，将人工操作和电子信息处理集成一个不可分割的整体，这样不仅能提高人力和物力的利用效率，也可以提高系统运行的严密性。

4. 安全性

在电子商务中，安全性是一个至关重要的核心问题。它要求网络能够提供一种端到端的安全解决方案。

5. 协调性

商务活动本身是一种协调过程，它需要顾客与公司内部、生产商、批发商、零售商之间的协调，在电子商务环境中它更要求银行、配送中心、通信部门、技术服务等多个部门的通力协作。

三、电子商务的分类

1. 按交易对象分类

电子商务按交易对象分为企业对企业的电子商务（Business to Business，B2B）、企业对消费者的电子商务（Business to Consumer，B2C）、企业对政府的电子商务（Business to Government，B2G）、消费者对政府的电子商务（Consumer to Government，C2G）、消费者对消费者的电子商务（Consumer to Consumer，C2C）、微信对二维码的电子商务（Online to Offline，O2O）。

2. 按开展电子交易的范围分类

电子商务按开展电子交易的范围分为本地电子商务（Local E-Commerce）、远程国内电子商务（Domestic E-Commerce）、全球电子商务（Global E-Commerce）。

知识补充 1

我国电子商务十二年间五阶段与标志性事件如图 3-1 所示。

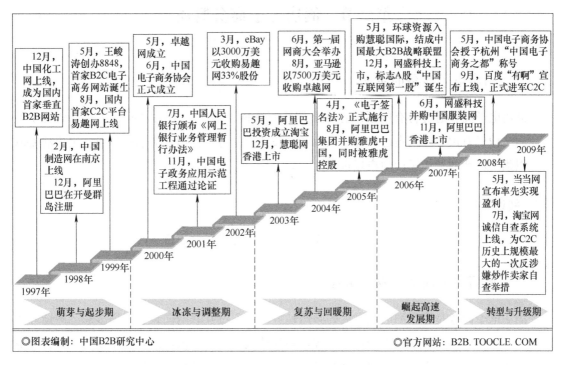

图 3-1 我国电子商务十二年间五阶段与标志性事件

知识补充 2

传统商务与电子商务的比较见表 3-1。

表 3-1 传统商务与电子商务的比较

项 目	传 统 商 务	电 子 商 务
信息提供	根据销售商的不同而不同	透明、准确
流通渠道	企业批发商—零售商—消费者	企业—消费者

（续）

项　目	传统商务	电子商务
交易对象	部分地区	全球
交易时间	规定的营业时间内	24 小时
销售方法	通过各种关系买卖	完全自由买卖
营销活动	销售商的单方营销	双向通信、PC、一对一
顾客方便度	受时间和地点限制	顾客按照自己的方式购物
对应顾客	需很长时间掌握顾客需求	能够迅速捕捉顾客需求，及时应对
销售地点	需要销售空间	虚拟空间

第二节　酒店电子商务概述

一、酒店电子商务的定义

酒店电子商务通过特有的系统连接上国际互联网，通过网上的主页图文并茂地展示酒店，向全球亿万用户分销自己的客房以及各种服务，并可以此组成酒店连锁业，组成战略联盟，以强劲灵活的营销手段向市场进军。

 知识拓展

OTA（Online Travel Agent，在线旅游平台）是当前旅游电子商务的核心。

二、酒店电子商务的发展历程

酒店电子商务是当今酒店业发展的必然趋势。它通过互联网向顾客多姿多彩、声情并茂地展示自己的风貌、特色，推销自己的客房和各种服务，并可依此组建战略联盟，以强劲灵活的营销手段向市场进军。它向顾客提供了新的营销方式，开拓了市场的广度和深度，这些都是常规营销方式下的人力、物力所无法比拟的。它代表了新的有效的营销方式，为酒店开发客源市场带来了无限的商机。

酒店的核心业务是客房销售，因此酒店电子商务的主要内容包括客房销售、网络营销以及顾客关系管理等。

7 天连锁酒店为业内第一家开拓电子商务平台的经济型酒店。成立伊始，7 天连锁酒店把企业核心竞争力的方向锁定在电子商务上。7 天连锁酒店所建立的电子商务平台，一方面最大限度地优化订房模式，满足来自不同渠道的客商订房需求；另一方面则需要在减轻了前台、呼叫中心的压力的同时，压缩销售成本，这样就有了价格上的竞争优势。7 天连锁酒店能同时通过互联网、呼叫中心、短信、手机 WAP 等方式获得来自终端的客房预订。

希尔顿饭店集团积极开展电子商务，在过去的几年间，利用互联网，希尔顿已成功地推进了客房预订业务，大幅度削减成本，2000 年它的所有网站客房预订收入超过 3 亿美元。同时，希尔顿饭店集团充分利用电子商务增强营销能力、拓宽分销渠道，提高预订能力、购买能力和集团内部管理水平。2001 年 6 月，美国 Internet Week 网站公布了 2000 年度全美电子商务 100 强企业的评选结果，希尔顿饭店集团荣膺百强之首。

其他的酒店也纷纷开拓酒店电子商务市场，与携程、艺龙合作。在电子支付领域，包括汉庭、锦江之星、7 天连锁酒店、如家在内的多家知名连锁酒店与快钱公司合作，借力快钱公司先进的支付服务积极拓展酒店订房业务。

三、酒店电子商务体系的基本内容

酒店电子商务体系主要可以分为内外两个系统，即外网（网络营销平台）和内网（内部电子管理系统）。这就决定了酒店要兼顾外部经营环境和内部管理环境两个环境系统。两个系统之间有沟通的桥梁，每个系统还应具有各自独立的系统。下面对酒店的内外两个系统进行探讨。

（一）外网：酒店网站

网站是酒店面向外界的窗口。酒店通过网站可以实现远程预订，查询经营情况和电子邮件，进行集团经营数据汇总传送，电子促销、信用卡支付确认，发布主页及对外宣传等。酒店网站的主页使浏览者有了对酒店的第一印象，而后酒店的 CS 形象设计、酒店的徽标，以及通过播放 Flash 动画或介绍酒店的 VCD 片段，让浏览者感受到酒店的文化底蕴与精髓。

作为酒店对外宣传的主要窗口，酒店网站的设计要特别重视以下方面：

1. 酒店及产品介绍

不同的酒店，由于其所处的国家和地区不同，具有独特的风格和特色，这也成为其优势。酒店网站不仅可以对酒店的背景、实力及特色做全面的介绍，同时还可以推出不同风格的酒店产品，满足不同国家或爱好的顾客需求；通过文字、图片和三维动画等方式，生动地介绍酒店的背景和发展状况，在相当程度上可以起到促进销售的作用；对酒店各种设施（客房、餐饮、休闲娱乐及会议设施）的介绍，使顾客可以根据自己的需要选择不同的产品。

有些大型酒店集团还根据不同的市场定位，将旗下酒店定位于不同的细分市场，分别冠以不同的品牌名称，以此来吸引不同的顾客。例如，凯悦酒店集团旗下的酒店共分为四个品牌：主要服务于一般顾客的凯悦酒店，服务于商务顾客的君悦酒店，服务于高级商务顾客的柏悦酒店，以及服务于休闲度假顾客的凯悦度假村。这些产品信息通过网站的介绍，让顾客有了详细的了解，有助于酒店的形象树立和产品销售。

另外，还可以把一些新的技术应用在酒店电子商务中，例如虚拟现实（Virtual Reality, VR），它是一种可创建和体验虚拟世界的计算机系统，能生成各种虚拟环境，作用于人的视觉、听觉、触觉，让人产生身临其境的感觉，VR技术应用于酒店网站时不仅可以看到图像，而且可以看见内部操作演示。如果将这些技术应用于酒店客房营销，就可以使顾客事先对酒店的客房、环境甚至服务进行体验，大大提高了顾客与酒店的交互性。

2. 酒店最新信息发布

面对随时变化的国际市场，酒店要及时调整市场策略和产品组合以便在竞争中获胜。酒店通过后台管理系统，向顾客提供酒店最新的产品信息、价格和优惠政策，向公众发布酒店的最新动态以加强社会对酒店的信任和顾客的忠诚度，以及通过网络和合作伙伴保持密切的沟通和联系。

酒店信息的具体表现形式包括文字、图片和 Flash 动画等，还可以根据需要做成不同的语言版本，方便不同国家的合作企业和顾客使用。目前，我国高星级酒店的网页，基本上都做成中文和英文版本，同时根据其主要客源的不同，也会有第三种、第四种语言版本。

3. 顾客反馈系统

酒店的顾客，不论是内部顾客还是外部顾客，均应可以方便地通过网络反馈意见和建议。顾客反馈的内容要及时、自动地发送到相应的处理人员的邮箱及酒店高层领导或质量管理部门，因此酒店要建立完善的信息反馈系统。

顾客反馈系统的信息流向可以是上行、下行或平行的，相应的信息都会及时地出现在相应的位置，不管是通过电子邮件还是通过其他方式，都能确保信息及时、准确地到达信息接收者；也可以提供网络管理接口，由管理者通过网络直接查看顾客的反馈，及时向顾客进行问题解答等。酒店通过顾客反馈系统进行顾客满意度的调查，对调查结果进行及时的数据分析并提出解决方案，报请管理部门审批执行。

4. 预订中心

预订中心是酒店进行销售的最重要的部门之一。酒店的预订中心要支持对酒店的所有客房和会议设施等进行预订，顾客可以在线实时查询是否仍有空房以及酒店的会议日程安排。系统要根据不同的顾客预订，支持 VP 顾客享用特殊的链接和优惠条件进行预订，支持单位或团体用户预订，支持签约企业或机构的协议价预订，同时要提供电子支付平台，提供在线预订的在线支付。

（二）酒店内部管理系统

先进的电子商务系统不应仅限于酒店内部管理的文件无纸化传送，基于互联网平台的电子商务管理系统，还应能完成以下职能，使酒店各个部门可以共享酒店的信息资料，实现实时的市场跟踪和服务。

1. 酒店的行政管理职能

酒店作为一个企业，除了其特定的产品销售和服务提供以外，需要相当大量的行政工作来确保组织内部各机构的正常运转。酒店的内部网络将处于不同物理位置上的部门连接在一起，同步执行酒店管理层的各项行政政策和方案。

酒店高层领导通过内部网络系统，将决策同时通报给酒店的所有部门，或者通过在线聊天工具进行网上会议，节约了大量的时间成本和资金成本。酒店内的许多行政传达工作由内部网络来完成，可以节省大量的时间用于经济效益的创造工作。

2. 成员间的信息沟通职能

内部网络不只是用来传达酒店高层指示，基层部门完全可以利用它来互相沟通、交流，或向高层反馈基层的意见和建议。通过内部网络，这些信息可以完全、真实地传递给高层领导，保证了原始信息的真实性，这样决策才可能有针对性，解决方案才更有效。

3. 酒店内部的数据共享职能

所有顾客都是酒店的财富，也是酒店内各个部门应该加以关注的目标。酒店通过内部网络的数据库，可以得到相应顾客的所有资料，便于对特定的顾客提供有针对性的促销和个性化服务。

4. 整体的协作发展职能

经济全球化的进程使酒店的全球化发展变得越来越重要。酒店要依靠与战略联盟及合作伙伴的紧密联系来发展业务，向顾客提供全程跟踪服务。酒店的信息和服务提供要及时、准确，才能保证协作发展的顺利进行。这一切都说明无论从现实技术上，从外部发展趋势上，还是从竞争对手方面，建设基于互联网的信息网络化不但是切实可行的，而且是刻不容缓的。

四、酒店电子商务的途径分析

随着我国互联网的普及，越来越多的企业开始利用电子技术发展业务，并从中大获裨益。酒店行业作为一个提供服务产品的行业，从发展现状看，能否结合自身产品的特点并利用电子技术的优势发展自己的业务，还处于不明确的状态。但可以肯定的是，酒店发展电子商务必将有非常广阔的市场前景。

那么，酒店如何发展电子商务？主要途径有三条：首先，利用酒店自己的网站，且关键在于优化网站；其次，利用网络订房中心等旅游中间商；最后，利用其他网站。

(一) 利用酒店自己的网站，且关键在于优化网站

目前，大部分酒店已经建立了自己的网站，但网站的利用率还有待考证，酒店对自身网站所做的营销还很不到位。对酒店网站的营销主要包括两个方面：一是酒店网页的建设；二

是酒店网页的搜索定位。

酒店网页的建设既要强调页面的美观性，更要注重页面的功能性和实用性。酒店网页的建设应主要包括以下内容：酒店设施设备的介绍，酒店特色服务的介绍，酒店产品的预订，顾客信息的反馈，其他与顾客出行相关的信息（如酒店所在城市的旅游指南等）。

酒店网页的建设一方面要满足自身的销售需求；另一方面要将网页人本化建设，体现对游客的人文关怀，体现酒店的特色，从目前酒店网页的建设情况看，大部分酒店的网页还只停留在对酒店设施设备的介绍层面，只是对酒店产品的初级宣传，酒店网页的建设没有提升到一定的高度。

网页建设作为酒店宣传的一种手段，目的是实现酒店产品的销售，所以网站上有效的预订功能和链接功能可以提高网站的利用率和酒店客房的利用率。酒店网页的建设有待深化。酒店网页的搜索定位是指酒店网页在各门户网站和搜索引擎上的关键词搜索排名。排名越靠前，意味着被点击和被利用的可能性越大，也意味着企业的网站越优化。在茫茫的网海中，同类的企业网站不计其数，如果不能在搜索引擎中排名靠前，网站的存在意义就不大。

另外，选择合适的门户网站或搜索引擎也是决定酒店网站优化效率的关键。目前，门户网站如雅虎、新浪、搜狐、163 等，搜索引擎如 Google、百度、3721 等，覆盖面比较广，是酒店优化网站的首选。当然，这种网站的优化还要受到酒店资金的限制，酒店要想实现网站的优化也不是一朝一夕的事，但势在必行。

（二）利用网络订房中心等旅游中间商

随着旅游业的发展，旅游中间商的范围不断扩大，除了原有的旅行社、旅游公司外，出现了像北京艺龙公司、携程计算机技术（上海）有限公司等利用网络平台等手段为顾客提供中介服务的网络订房中心，这些网络订房中心深化了旅游业电子商务的进一步发展。越来越多的旅行社在发展传统业务的同时，也在不同程度地扩大业务范围，将其业务拓展到了电子商务领域，开展了一定规模的网络订房业务，许多旅行社建有自己的网站。

北京艺龙公司、携程计算机技术（上海）有限公司都已经成功地在美国纳斯达克上市，是旅游业电子商务的先锋和典范。除了这两家比较大型的公司外，在全国范围内还有许多的规模中等或小型的网络订房中心，它们的业务操作都是将旅游业与电子商务结合。网络订房中心的发展壮大为酒店发展自己的电子商务提供了广阔的平台。网络订房中心有自身的优势。

1. 网络订房中心以先进的技术为依托，技术手段现代化

网络订房中心首先建设自己的订房网站页面，同时利用声讯、电子、移动通信等多种手段延伸顾客，扩大覆盖面，将电子商务与旅游相结合。这种优势使网络订房中心在激烈的竞争中比其他中间商占有更大的优势，同时也符合来的发展趋势。

2. 较大型的网络公司资金雄厚，形成规模效应

如上文所说的艺龙和携程这两家网络订房中心，拥有较强的实力，业务的发展有强大的人力、物力、财力的支持。在这样的公司中，不仅有预订部门，更有策划、宣传销售、顾客服务等多种部门，形成了相互配合，相互支持的完整体系，在竞争中更具优势。当然，其他规模中等或小型的网络订房中心，虽然不具有此种庞大的规模，但随着业务的发展体系也将更加完善。

3. 网络订房中心业务覆盖面广，对旅游产品进行有效整合

目前，较大的网络订房中心已形成了包括航空公司、运输公司、旅行社、酒店等在内的广泛网络，将旅游的食、住、行、游、购进行整合，形成了整体优势。

酒店利用网络订房中心发展电子商务主要有以下两点好处：第一，扩大酒店客源范围，提高酒店的客房利用率；第二，在更广的范围内宣传酒店。

随着网络订房中心的发展壮大，为顾客提供订房越来越方便。越来越多的顾客接受了通过网络订房中心预订客房的方式，网络订房中心拥有大量的客源。酒店通过与网络订房中心的合作和旅游中间商的销售活动获得更多的顾客，提高自身的客房利用率。对酒店来说，受资金、人力等多方面的条件限制，不可能在全国范围内进行销售和发展顾客，而对网络订房中心来说则存在这种可能。酒店利用同网络订房中心的合作可以更大范围地利用顾客资源，并以酒店自身的条件来赢得更多的回头客，从而提高了酒店的客房利用率。酒店业发展的实际情况，让越来越多的酒店意识到网络订房中心所预订的房间在自身客房利用当中占比越来越大。所以，充分利用网络订房中心是提高酒店的客房利用率的有效途径。

利用网络订房中心扩大酒店的宣传范围是酒店与网络订房中心合作的第二个益处。网络订房中心一方面可以在自己的网站上为酒店做宣传，另一方面也可以通过对外发放的宣传材料对酒店进行宣传，如艺龙、携程在机场等公共场所发放的宣传小册，而这些对酒店来说是一种免费的宣传。另外，随着 GDS 系统在我国的不断完善，酒店利用网络的空间也将越来越大。

（三）利用其他网站

酒店可利用网络广告、相关链接等进行网络宣传，例如抖音、快手等网络小视频网站和淘宝直播等。当然，这种方法不是每个酒店都可以采用的，它有各种条件的限制，是一种电子商务的辅助手段。总之，利用此种途径能获得更多的发展空间，酒店也将从中获得更多的利润。酒店应分析自身的特点，确定投入的方向和投入比例，使电子商务的发展获得最大的效率。

知识拓展

2020 年 3 月 23 日，携程集团联合创始人、董事局主席梁建章在三亚亚特兰蒂斯酒店进行直播。这标志着携程正式开启"旅游复兴 V 计划"。在直播开始 1 小时内就卖掉了价值1000 万元的酒店套餐。

五、酒店电子商务需求分析

(一) 完善酒店采购管理的需要

电子化采购使酒店通过网络寻找合适的供应商和物品，随时了解市场行情和库存情况，在线采购所需的物品，并对采购订单和采购物品进行在途、台账和库存管理，实现采购的自动统计分析。电子采购可使酒店掌握采购主动权；电子采购可使酒店降低采购成本；电子采购可使酒店提高采购的透明度；电子采购可使酒店提高采购效率；电子采购可使酒店优化采购管理过程。

(二) 网络订房的需要

酒店面临着全球性的经营竞争。顾客可以通过网络查询任何目的地的酒店经营信息和客房价格。也就是说，酒店必须面对顾客开展诚信经营，并利用现代网络建立忠诚顾客群。因此，在信息时代酒店开展网络订房是必然趋势，这是酒店开展电子商务的基础。

(三) 现代酒店可持续发展的需要

对酒店而言，信息化带来的最大变革体现在酒店经营和管理上，特别是信息技术的运用将深刻影响酒店的经营方式。网络订房就是这种变革下的产物，它是酒店信息化经营的重要标志，同时也是酒店可持续发展的需要。酒店的跨地区经营必须借助信息技术。

(四) 现代酒店承诺完美服务的需要

在信息社会中，酒店必须向顾客承诺提供完美服务。这里所谓的完美服务，就是作为一个酒店要知道顾客在什么时候、什么地点、需要怎样的服务。酒店通过网络订房以及网络互动服务，可以实现最基本的完美服务承诺。因为，酒店提供网络订房服务，能缩短与顾客的距离，便于相互沟通，并通过网络承诺对顾客的完美服务。

(五) 现代酒店强化竞争意识的需要

酒店开展网络订房，是对未来客源市场的战略考虑，是市场竞争的需要。作为一个现代酒店，信息是酒店经营的重要战略，网络顾客同样是未来酒店经营的重要战略资源。

六、电子商务在酒店业应用的优势

(一) 拓宽酒店的营销方向，方便内部管理

建立酒店的内部网，实现酒店办公自动化已是大势所趋。目前，流行的酒店管理软件可以在顾客登记入住的时候，将顾客信息录入顾客信息数据库中。对于酒店的 VIP 客户，在顾客入住登记时，酒店就在客房内预先摆放顾客喜欢的食物或小礼物让顾客感到惊喜或酒店

富有人情味的服务。

（二）减少酒店运营成本

酒店通过电子商务手段，可以直接与最终的用户联系，在很短的时间内，就能为千里之外的游客提供咨询、售票、组团、出游等服务。网络直销成为节省佣金和提高单位利润的最佳途径。在酒店业中率先利用电子商务系统的酒店都极大地提高了工作效率，降低了经营成本，增加了酒店与消费者和合作伙伴之间的有效互动。

（三）完善酒店的采购管理

酒店通过互联网来采购设备，不但可以很方便地实现比价采购，而且可以方便地实现规模采购和享受常客优惠。电子商务的开展提供了售前、售中和售后的全过程服务，包括从酒店需求设备的配置计划制订、价格查询、预订、支付、配送等所有环节，可以为酒店节约大量的人力财力和物力成本。

（四）为顾客提供快捷的服务

互联网将酒店产品信息集中在一个平台上，展示在顾客面前，提供 B to C 的直接预订渠道，顾客按其需求进行选择，确定即可。顾客可以通过一键进行订房、退房、订餐以及付费业务，这些都是传统酒店无法提供的快捷服务。

（五）增强酒店预订群体对酒店产品的信任度

互联网可以提供虚拟酒店和大量的酒店产品信息。通过互联网，顾客可以较为直观地了解酒店产品，对酒店产品产生预先的体验，这样不仅扩大了消费群体，而且增强了预订群体对酒店产品的信任度。

知识补充

酒店电子商务系统如图 3-2 所示。

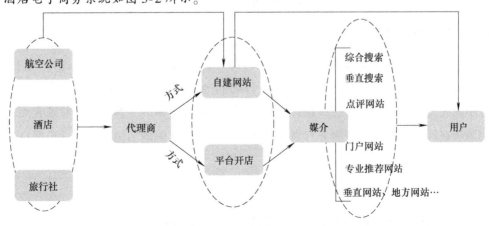

图 3-2 酒店电子商务系统

第三节　酒店电子商务营销系统

一、电子商务网站营销系统

在酒店业处于国际竞争的环境下，成功设计酒店电子商务网站并进行网络营销将成为我国酒店业提升竞争力的有效方法。酒店独立的网站是酒店传递信息开展营销活动的有效手段。

一个完善的基于营销的旅游酒店网站应具备五个方面的功能，分别是品牌与产品展示、信息发布与关系营销、在线预订服务、顾客服务与管理、超链接和分销管理。

（一）品牌与产品展示

网站的形象代表了酒店的网上品牌形象。网站建设的专业化程度、网站的个性风格直接影响着酒店的品牌形象，同时也对网站的其他功能产生影响。

产品展示是为了吸引顾客，顾客访问网站的主要目的就是对酒店的产品和服务进行深入了解，保持及时更新动态是酒店网站建设的基本要求。酒店网站应重点介绍酒店的服务设施、服务并附有图片或视频。酒店在进行网站设计或优化时，需要特别关注新技术的应用。例如，多媒体技术、互动技术与3D虚拟旅行技术等的融合。

（二）信息发布与关系营销

在法律许可的范围内，酒店网站可以发布一切有利于酒店形象、顾客服务以及促进销售的酒店新闻、产品信息、各种促销信息、招标信息、合作信息、人员招聘信息等。同时，网站又是关系营销的窗口，不同的顾客可以享受不同的服务、不同的产品价格。因此，支持关系营销的网站具有复杂的营销流程，这些流程都需要经过网站后台的信息处理，才能为顾客提供个性化的服务，真正为酒店实现电子商务和营销。

（三）在线预订服务

酒店通过引导顾客到自己的门户网上进行预订，可以减少依靠旅行社及 OTA（Online Travel Agent，在线预订旅行社）介绍顾客所付的佣金。酒店直接把客房销售给了顾客，不需要与中间人分享利润，同时在线预订能接触顾客，获得更多的顾客资源。对顾客而言，可以利用酒店在网上提供的预订服务与酒店互动，更详细地了解酒店情况，然后根据自己的喜好来选择酒店。

（四）顾客服务与管理

酒店网站可以为顾客提供咨询服务、会员服务、贵宾服务，越是重要的顾客，提供了服务越精细、越个性化。这样的细分以及管理必须有后台强有力的支持，也需要维系顾客的策略支持。

（五）超链接和分销管理

酒店选择有效地超链接可以扩大营销覆盖面，让更多的消费者看到营销信息。酒店把营销信息传播给分销渠道，可以增加分销的销售量。有效的超链接管理和分销管理同样需要强大的后台支持。

二、移动电子商务营销系统

（一）移动电子商务的定义

移动电子商务是指在网络技术、移动通信技术、无线上网技术等支撑下，利用手机、平板电脑等智能移动设备，实现在手机等移动通信终端之间，或者移动终端与 PC 等网络信息终端之间，通过移动电子商务解决方案，在移动状态下进行便捷的、大众化的，具有快速服务能力和整合增值能力的商务活动。

（二）移动电子商务的特点

1. 及时性

顾客与酒店可以随时沟通并定制相关酒店服务。

2. 互动性

顾客与酒店可以通过文本消息和移动聊天的方式实时互动交流。

3. 便携性

移动电子商务营销系统按键少，屏幕小，操作便捷，响应时间短。

4. 私密性

移动电子商务适合一对一个性化营销。

5. 可定位性

移动电子商务可提供精准服务，获取顾客的实际需求。

（三）移动电子商务的营销模式

1. 分众识别

分众识别适用于关系顾客，进行一对一沟通互动。

2. 即时信息

即时信息适用于酒店的某一类消费者。

3. 互动沟通

互动沟通适用于酒店的特殊顾客，通过互动解决服务问题。

4. 个性化

个性化适用于个性化要求非常强烈的顾客（忠诚顾客的培育）。

第四节　酒店电子商务的发展趋势

一、酒店电子商务存在的问题

计算机在酒店中的普及和应用，新的技术平台、新的技术特点不断涌现，适合国内特点的信息系统慢慢进入酒店，使酒店管理信息系统进入了一个新的发展时期。对于一星级、二星级甚至部分三星级酒店来说，电子商务环境的建设和应用还处于起步阶段，即使是五星级酒店，电子商务的建设进程与顾客对酒店的需求也有相当大的距离。网络营销作为一种营销手段，使用者不方便与顾客当面互动，使顾客严重缺乏信任感。另外，网络营销方式存在一定的技术和安全性问题，容易被对手窃取资料和销售思路。

（一）观念差距

很多酒店经营者认为酒店属于传统服务行业，酒店的营业收入主要是靠出租客房和床位。因此，他们混淆了投资酒店电子商务与投资房间内设施，把它们的投资回报等同看待，没有把电子商务建设与改善酒店的经营、管理效率等方面的功效联系起来，没有把电子商务的价值融入酒店自身价值链，从而更好地在竞争中发挥作用。

（二）行业距离

酒店业属于以人为本的劳动密集型服务行业，IT 行业属于技术密集型行业。这种行业间本质上的差异，使 IT 公司尽管竭尽全力将最先进的产品设备或解决方案推销给酒店，但结果往往是酒店付出了高昂的代价而不尽如人意。这主要是因为技术功能与酒店需求错位，很多管理系统不能解决酒店面临的关键问题，并且管理决策层没有整体的规划，被开发商牵着鼻子走，供应商和酒店也没有利益上的一致性。

（三）缺乏行业标准

酒店业对电子商务的理解千差万别，加上 IT 公司各自为政的解决方案，使原本技术水平就有限的酒店眼花缭乱，盲目投资上马的项目比比皆是。就客房网络的具体实施来说，有 ISDN、ADSL、XDSL、802.11 无线网卡、Cable Modem（CM）、光纤、双绞线等方案。作为酒店应该选择哪一种，没有一个相关的行业标准。

（四）服务不到位

酒店是一个以服务为本的行业，依靠顾客对各项服务的满意度来提升酒店的入住率和经营效益。酒店电子商务的实施，意味着酒店又增加了一项新的服务——电子商务服务。IT公司负责策划和实施电子商务，但通常不承担日后的服务，因为 IT 公司不属于服务行业。服务的责任落到酒店头上，酒店将无法应付。由于服务不到位，系统不能充分发挥作用，所以由谁来提供电子商务服务是一个值得商榷的问题。

二、酒店电子商务的发展与前景

（一）电子商务理念，从"以交易为中心"到"以服务为中心"

未来的酒店电子商务应向增强与顾客的双向交流改善信息服务、通过个性化服务增加附加值的方向发展，以前我国酒店电子商务"以交易为中心"的色彩较浓，未来酒店电子商务将在服务上更加完善，更加人性化。

（二）电子商务规范与标准的整体制定与推行

1. 规范化

建立健全酒店电子商务规范体系，为酒店电子商务的实施和监管、企业和消费者的市场行为、信息内容和流程、技术产品和服务等提供指导与约束，预先对那些可能对酒店电子商务活动产生不利影响的潜在因素加以防范，是推动酒店电子商务持续、稳定、健康、高效发展的关键。

2. 标准化

酒店内部信息系统与酒店电子商务平台之间，酒店业与银行的信息系统之间应能实现互联，以自动处理频繁的信息数据交换。在国外，通常是由专门的组织（如 OTA）制定出一套统一的数据格式和接口标准，酒店电子商务网站、管理信息系统在开发时都遵守这套标准，这样在一开始就保证了与其单位的信息系统做无缝链接的可能性。我国酒店电子商务的数据也应尽快实施标准化，并与国际接轨。

（三）移动电子商务将成为主流

移动电子商务结合智能网络技术，是真正实现以人为中心的电子商务应用。如移动支付——顾客无论在何时何地，通过移动电话等终端就能完成对企业或个人的安全的资金支付。新技术的应用将使酒店电子商务功能更加完善，应用更加普及。

（四）培养复合型酒店电子商务人才

人才的短缺成为我国酒店电子商务发展的瓶颈。由于酒店电子商务是酒店业和电子商务的整合，所以只有具有电子商务和酒店业知识的复合型人才，才能将电子商务的技术手段、应用功能和模式与酒店业组织、管理、业务方式及特点密切联系起来。教育部门应顺应时代要求，着力培养三个层次的酒店电子商务人才；善于提出满足商务需求的电子商务应用方式的商务型人才；精通电子商务技术，又具备足够的酒店管理专业知识的技术型人才；通晓全局，具有前瞻性思维，熟知酒店业电子商务理论与应用，能够从战略上分析和把握其发展特点和趋势的战略型人才。

课后习题

一、选择题

1. 基于 Internet 的电子商务是指利用连通全球的 Internet 开展的互联网时代电子商务活动，所涉及的领域广泛，如（　　）、在线订货、物流管理等。

A. 网上订票　　　B. 语音聊天　　　C. 在线产品信息发布　　D. 微信发红包

2. B2C 电子商务可分为卖方企业——买方个人的电子商务、买方企业——卖方个人的电子商务和（　　）三种模式。

A. 综合模式　　　B. 分解模式　　　C. 个体销售模式　　　D. 实体店宣传

3. 负责酒店官网、互联网电商平台、网络营销渠道整体规划是（　　）的岗位职责。

A. 前台接待员　　　　　　　　　B. 酒店电子商务经理

C. 互联网运营工程师　　　　　　D. 互联网运营专员

4. 互联网时代 B2C 酒店电子商务模式的交易中参与方不包括（　　）。

A. 商户（企业）　B. 政府　　　C. 银行　　　　D. 消费者

5. 酒店电子商务系统必须保证具有十分可靠的安全保密技术，必须保证网络安全的四大要素，即信息传输的保密性、数据交换的完整性、发送信息的不可否认性及（　　）。

A. 不可修改性　　B. 信息的稳定性　C. 数据的可靠性　　D. 交易者身份的确定性

6. 电子商务环境下，消费者通过电子货币进行支付，实现了无纸化和支付过程的无现金化，方便了交易的进行。这体现了酒店电子商务市场的（　　）特点。

A. 市场全球化　　　　　　　　　B. 市场销售环节减少

C. 交易和支付手段便捷　　　　　D. 信息传播和沟通渠道增加

7. 酒店电子商务市场的特点有（　　）。

A. 市场销售环节减少　　　　B. 市场全球化　　　C. 虚拟化

D. 交易和支付手段便捷　　　E. 信息传播和沟通渠道增加

8. 下列属于酒店电子商务工作的主要岗位有（　　）。

A. 订房员　　　　　　　　　B. 酒店电子商务经理　C. 互联网运营工程师

D. 互联网运营专员　　　　　E. 前台员工

二、判断题

1. B2C 电子商务模式是企业通过互联网直接向个人消费者销售产品和提供服务的经营方式，是消费者广泛接触的一类电子商务，也是互联网上最早创立的电子商务模式。

（　　）

2. 在电子商务环境下，当前的供应链系统正在向全球化、信息化和一体化的方向发展。

（　　）

3. 在网络环境下，顾客的酒店产品购买行为具有以下特征：个性消费的回归、主动性增强、可以对网上商品进行广泛的比较、对于品牌仍有较强的忠诚度、要求商品的质量和精细程度高。

（　　）

4. 传统销售通过层转、中间商来完成，而电子商务使企业可以直接面对消费者。（　　）

三、简答题

1. 简述电子商务的定义和特点。

2. 简述电子商务在酒店中的应用优势，并举例。

3. 请举例说明电子商务 B to B、B to C 在酒店中的应用。

4. 为什么说酒店电子商务系统目前的核心功能还是营销？

5. 查阅网络资料，选择一家酒店集团的网站营销发展现状，进行客观分析。

6. 简述你所了解的移动电子商务营销系统，分析其潜在优势。

7. 作为一个单体酒店，应怎样规划和设计自己的移动电子商务营销系统？怎么样才能形成适合自己的特色优势？

案例分析

希尔顿酒店集团电子商务的应用效果

希尔顿酒店集团积极开展电子商务，2000 年集团总收入 28.3 亿美元，净收入 27200 万美元，电子商务收入占净收入的 9%。在过去的几年间，利用互联网，希尔顿酒店集团已成功地推进了客房预订业务，大幅削减了成本。2000 年，它的所有网站客房预订收入超过 3 亿美元，是 1999 年的两倍。而后，希尔顿酒店集团又进行了第二次电子商务改革，利用电子商务增强营销能力、拓宽分销渠道、提高预订能力、购买能力和集体内部管理水平。希尔顿酒店集团致力于 B2C 网络业务，对实施新的多品牌战略十分重要，分析家说："我们看到，希尔顿酒店集团正努力通过一个综合频道推销其所有品牌"。

2001 年 6 月，美国 Internet Week 网站公布了 2000 年度全美电子商务 100 强企业的评选结果，希尔顿酒店集团荣膺百强之首。此次评选意在表彰这些公司利用互联网达成商业成功的努力，评选的主要依据是各家公司所取得的切实的电子商务业绩，诸如增加顾客、提高收益、降低成本等。相关的调查研究了这些公司如何利用互联网增进企业与消费者及供应商之间的联系，如何开拓电子市场，以及如何利用互联网推进企业基础建设等。

　　希尔顿酒店集团通过互联网信息发布带来了 16% 的新增客源，95% 的成员饭店通过互联网实现了销售，10% 的访问者在网上预订饭店客房，33% 的饭店用品供应商在互联网上与饭店洽谈商务，16% 的采购订单通过互联网完成，8% 的饭店采购资金通过网络支付，7% 的饭店销售收入来自互联网，16% 的订单通过网站电子商务获得。希尔顿酒店集团通过互联网进行物资采购可节约 8% 的成本，通过互联网进行顾客关系管理可节约 7% 的成本，通过互联网进行信息传递与交流可节约 59% 的成本。

　　思考题：

　　1. 通过资料查阅，分析希尔顿酒店集团实施电子商务的原因是什么。

　　2. 希尔顿酒店集团实施电子商务取得的一系列数字信息说明了什么？

　　3. 电子商务给希尔顿酒店集团带来了哪些竞争优势？

第四章 酒店前台管理信息系统

学习目标

1. 了解酒店前台管理系统的内容、流程、特点及功能
2. 理解当前酒店前台管理系统的发展趋势
3. 掌握前台的客房预订功能、接待服务功能、收银功能、夜审功能等

学习重点

1. 酒店前台管理信息系统的内容
2. 酒店前台管理信息系统的特点
3. 酒店前台管理业务流程

学习难点

1. 酒店前台管理信息系统的功能
2. 酒店前台管理信息系统的发展趋势

第一节 酒店前台管理信息系统的内容

前台是前厅部的一部分。前台是信息的汇集地，信息量大、变化快，要求信息管理系统高效率地运转。同时，前台信息处理的质量、信息传递的速度以及信息沟通的效果都将直接影响酒店其他部门的对客服务效率。

一、收集客源市场信息

酒店市场信息包括客源构成、宾客流量、宾客的意见和要求、国家政策、经济形势、社会时尚对酒店产品销售的影响等。客源市场信息决定了酒店是否能针对目标市场开展营销

工作。

传统酒店的客源市场信息是依靠酒店前厅部在顾客预订客房时提供的信息获得的。信息化酒店的客源市场信息可以通过网络来获取，通过分析反馈的信息，来获取客源市场的变化情况。

二、客流预测与报表统计

前厅部预订处需要做好未来客流的统计预测工作，包括近期客流、一周客流、次日抵达预测、宾客登记表、客房预订单、订房预测报表、营业报表、客房统计表、收银报表、夜间审核报表等。这些都是现代酒店经营中需要关注的重要信息。此外，还有一些需要统计的特殊报表如下，都是前厅管理中预测环节的重要信息形式：

① Cancellation List（当日取消预订表）。

② No Show（当日未到顾客报表）。

③ Unexpected Departure（提前退房离店表）。

④ Extension List（延期退房表）。

⑤ Discounted Complimentary List（房屋折扣及免费表）。

⑥ Today's VIP Stay-over Report（今日住店 VIP 报告）。

⑦ Room Revenue Daily Report（客房营业日报表）。

三、建立和分析顾客档案

顾客档案的建立必须得到酒店管理人员的大力支持，并将其纳入有关部门和人员的岗位职责之中，使之经常化、制度化、规范化。特别是要把 VIP 顾客和团体的资料收集起来，进行分类和统计分析，找出酒店和客源市场联系的切入点，提高服务质量，增加回头客。

顾客档案的有关资料主要来自：

> 顾客的订房单
> 住宿登记表
> 账单
> 投诉及处理结果记录 ｝会员管理工作中最基础的数据
> 顾客意见书
> 其他平时观察和收集的有关资料

前厅部是酒店的核心部门，也是业务流转的中心，和其他部门有很多信息沟通工作，如图 4-1 所示。

前厅部需要和客房部保持实时沟通，当顾客入住或退房时，需要及时通知客房部做好准备；当团队顾客出现一些突发情况时，需要及时通知销售部和销售员协助处理；顾客如果在酒店餐饮部消费，要求挂房账时，需要在前厅部确认是否有足够的押金；前厅部所有的财务收入及相关单据都需要由财务部进行审核；如果顾客发生安全事故，例如在泳池刮伤，在海边游泳溺水，在大堂丢失钱包等，需要通知安保部等。

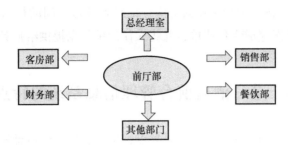

图 4-1　前厅部与其他部门的信息沟通工作

第二节　酒店前台管理业务流程分析

一、酒店前台管理业务

酒店前台管理业务基本流程如图 4-2 所示。

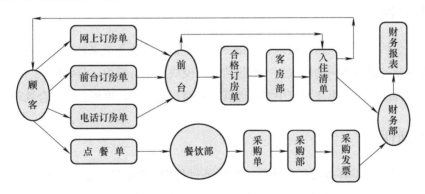

图 4-2　酒店前台管理业务基本流程

二、酒店前台管理业务基本流程分析

酒店前台主要有以下几项业务管理工作。

1）顾客订房管理。顾客可以采用三种形式订房，包括网上订房、电话订房、直接到酒店前台办理等。

2）查看订房单。前台工作人员必须查看每一张订房单填写得是否合格，内容包括顾客的姓名、身份证号码、电话、订房日期、订房类型、预定数量、入住人数、退房时间等。

3）处理订房单和退房单。前台工作人员查看完毕并将合格的订房单交由客房部，由客房部做好接待顾客的准备。顾客退房时，前台工作人员把入住清单数据制成退房单，一式三份，一份自己部门保管，一份交顾客，一份交财务部。

4）制作入住清单。酒店前台工作人员应登记顾客预订房间的初始数据，在顾客退房时及时根据顾客的消费情况完成入住清单，并将入住清单数据提供给财务部。

第三节 酒店前台管理信息系统的特点

前台管理信息系统是酒店所有信息的汇集点，是酒店经营中信息流转的重要节点，具有如下鲜明的特点。

一、实时性

前台管理信息系统通过网络实现了前厅部与其他部门信息的即时传递，实现了信息资源的共享。预订员在系统中完成预订工作后，前厅部、客房部、销售部都可以实时看到预订信息。客房部打扫好客房后，将客房状态设置为"干净房"，前厅部立即可见此信息。实时性可以帮助酒店减少信息传递带来的延时，提升服务的响应速度。

二、综合性

前台业务包括预订、接待、咨询、收银等，针对前厅部业务交叉复杂这一特点，前台管理信息系统为各业务设置不同的模块，一般包括预订模块、接待模块、收银模块、商务中心模块等，使前厅部各部门业务都在系统中协调运营，从而形成一个高度整合的综合处理整体。

三、互动性

酒店前厅部业务需要各部门的协作，在服务过程中必然存在信息互动的需求。因此，前台管理信息系统模块并非各自独立的，而是一个信息联动的统一体，这样就提高了前台服务的便利性和敏捷性。

例如，房态控制模块，前厅部和客房部需要互动。客房部可根据接待情况调整房态，这需要与前厅部互动；客房部可根据清扫状况及查房信息反馈及时修正房态，这也需要与前厅部互动；当发生房态差异时，前厅部需查清原因，与客房部一起及时更正。

第四节 酒店前台管理信息系统的功能

酒店前台管理信息系统的核心功能就是预订、接待、收银、顾客资料管理、房价销售、报表业务。以下为具体的前台管理信息系统的各个核心功能。

一、客房预订功能

客房预订为建立、查询、更新顾客预订、团队（会议）订房等操作提供完善的处理功能，并提供用房量控制、取消预订、确认订房、等候名单、房间分配、押金收取以及房间共用等功能，是顾客个性化服务的好帮手。

1. 新建散客预订

新建散客预订（New FIT Reservation）主要是完成预订子系统的预订单填写。预订系统会逐步引导预订员完成预订，通过查询可用房信息，确定可以接受预订后，需要完善顾客信息、预计抵达和离开日期、所需房型和房价、包价情况、来源市场等信息。预订完成后，系统会生成一张新的预订单并产生一个唯一的预定号。OPERA 新建散客预订信息流程如图 4-3 所示。

散客预订操作具体步骤如图 4-4 所示。

Name 输入姓氏，如 Huang；First Name 输入名字，如 Xiao Ming 或 Xiaoming。输入完姓氏和名字后，如果有同名同姓者，OPERA 会提醒是否使用之前的客史档案新建预订，核实身份证或联系方式，实属同一人，就继续使用之前建立的客史档案，禁止重复建立。

Arrival 输入抵店日期，直接输入日月年六个数字，例如 240518，输完单击其他空白处，自动变 24/05/18。注意 OPERA 中年、月、日的设置顺序，也可单击空白处后面的日历进入选择，但这会降低效率。Nights 按实际居住夜晚数填写后，单击 Departure 空白处，离店日期会自动修改。

选择完抵店和离店日期，进入 Rate Code（房价代码）直接选择某种价格体系下某房型价格，单击 OK 按钮。Rate Code 中一般包含 OTA（Online Travel Agent，在线旅行社）、Best Available Rate（最佳可得价）、House Use（自用房）、Complimentary（免费房）、Owner、Employee Rate（员工价）等价格体系，依次排成一列，每种价格体系下所有的房型各有一个价格供新建预订时选择。选择完 Rate Code，会自动链接 Market、Source。

如果是非担保预订，在 Payment 下拉列表框选择 Non-guaranteed，如果是担保预订，在 Payment 下拉列表框选择担保类型。

单击 Save 按钮保存预订，当天预抵的预订箭头处出现"123456 DUE IN"，数字为预订号，DUE IN 的意思是当日预抵。预订号的生成是新建预订完成的体现和独一无二的标识，无论预订后续处于 Cancelled、No-show、Arrived、Checked-in、Due-out、Checked-out 何种状态，预订号始终保持不变。

注：酒店集团官网、OTA 网站可与酒店 OPERA PMS 直联，散客在网站上下单，生成预订单的那一刻相关预订信息直接传输到 OPERA PMS 中生成预订单，这大大降低了酒店预订部的工作压力。

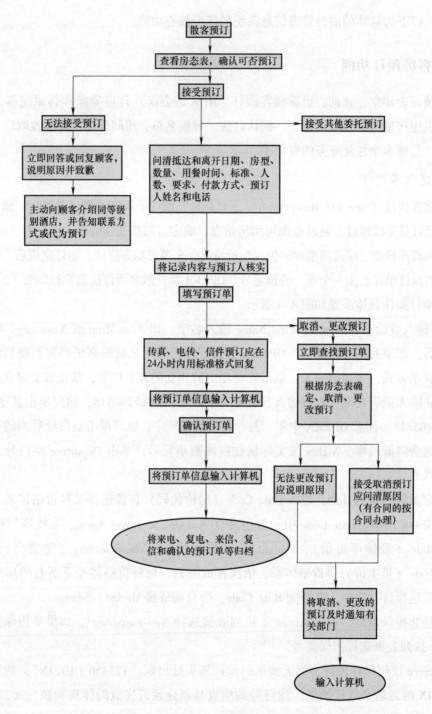

图 4-3　OPERA 新建散客预订信息流程

2. 团队预订

团队预订（Group Reservation）比散客预订复杂得多，因为涉及人数众多且结账方式复杂。所以，绝大多数子系统都是把散客预订和团队预订分开处理的。团队预订往往分设团队账号和成员账号，一个团队账号下面链接着多个成员账号。这样，团队账号就处理团队账务，成员账号就处理成员账务。因此，在预订子系统中，需要完成团队预订单的建立，然后为该团队预留足够的房间，这些预留房间将进一步生成团队成员的账务，然后设置相应的消费权限。OPERA 新建团队预订信息流程和操作界面示意图如图 4-5 所示。

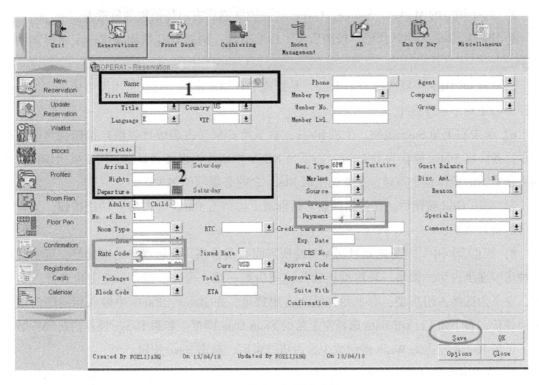

图 4-4　散客预订操作步骤

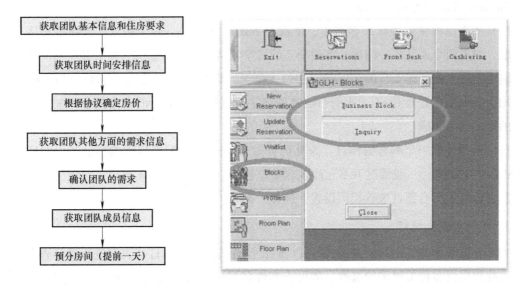

图 4-5　OPERA 新建团队预订信息流程和操作界面示意图

团队预订操作具体步骤如下：

1）Name 中输入公司或旅行社的拼音或英文名字，相当于建立客史档案。

2）选择团队的 Start Date 及 End Date。Start Date 为团队中最早入住房间的抵店日期，End Date 为团队中最晚离店房间的离店日期。

3）选择相应的 Market、Source，Owner 选择团队酒店方市场销售部负责人。

4）Block Code 为团队代码，按酒店集团标准输入，例如 IHG 集团要求一个字母加两个数字。

5）Cut off Date 一般选择 Start Date，是指选中日期夜审后，仅仅占用没生成预订的房间库存会归还到系统库存中。

6）单击右下角 Save 按钮，生成 Block，右下角 Grid（占房统计表格）按钮会自动高亮显示，务必将 Status 修改为 Definite，右下角 RESV 按钮才可以高亮显示，用于批出预订。不同酒店集团的操作有些差异，主要是生成 Block 之前必填项的多少。

7）单击 Grid 按钮后，在弹出的新对话框最下边单击 Range（占房）功能按钮，又弹出占房的新对话框。

8）根据合同中计算好的每种房型每晚所需间数及价格，保证操作的准确性，可一晚用一种房型逐步占房，如果一种房型连续几晚用房数一致，可一步操作。左上角选择占房日期，左下角选择占用房型，右上角先输入占用数量，在 Rate1、Rate2 中输入相同的商议好的协议价，右下角 Cut Off Date 选择左上角的 From Date 即可。如果 Range 操作占房间夜数过多，可用 Range 左边的 Wash 按钮减少。占房结束后，单击 Save 按钮。

9）在 Block 窗口单击右下角 RESV，会提醒自动建立一个 PM 假房预订作为主账房，便于团队房间房费转移至此假房，由团队组织者统一支付。进入 RESV 窗口后，单击 Options，选择 Rooming List 开始批出团队预订。

10）如果提前拿到团队顾客名单，依次在 Name、First Name 中输入，选择抵离店日期及房型，如果两个人共享一间房，将两个人的名字紧接上下两行输完，所有共享房间的人的名字输完之后，将处在上行的名字最左边打上红叉，再单击右下角 Save 按钮，所有输入的名字均会显示出预订号 Conf.，上行打红叉的名字与紧接着的下行的名字共享一间房，至此批房的操作已经完成。

11）选择任意一个顾客的预订，为其房费做 Routing，即顾客房间的房费产生时转入团队 PM 假房主账房，一般情况下不允许顾客签单挂账，勾选 No Post 选项，设置完成后，会提醒是否将其他所有预订进行相同设置，选择"是"。

3. 更新、查找预订

当需要更新预订（Update Reservation）时，预订员需要在预订列表中进行预订查询。预订列表往往提供多种关键词的查询，如可查询姓名（中英文，支持模糊查询）、房号、预定人等，并且预订列表可以详细显示一些关键信息，如姓名、抵离时间、房型、价格、是否协议单位、特殊需求等。找到预订单后，就可以在预订单界面进行相应信息的更新。如果涉及修改抵离时间，系统还会自动判断是否有可用房提供。OPERA Update Reservation 界面如图 4-6 所示。

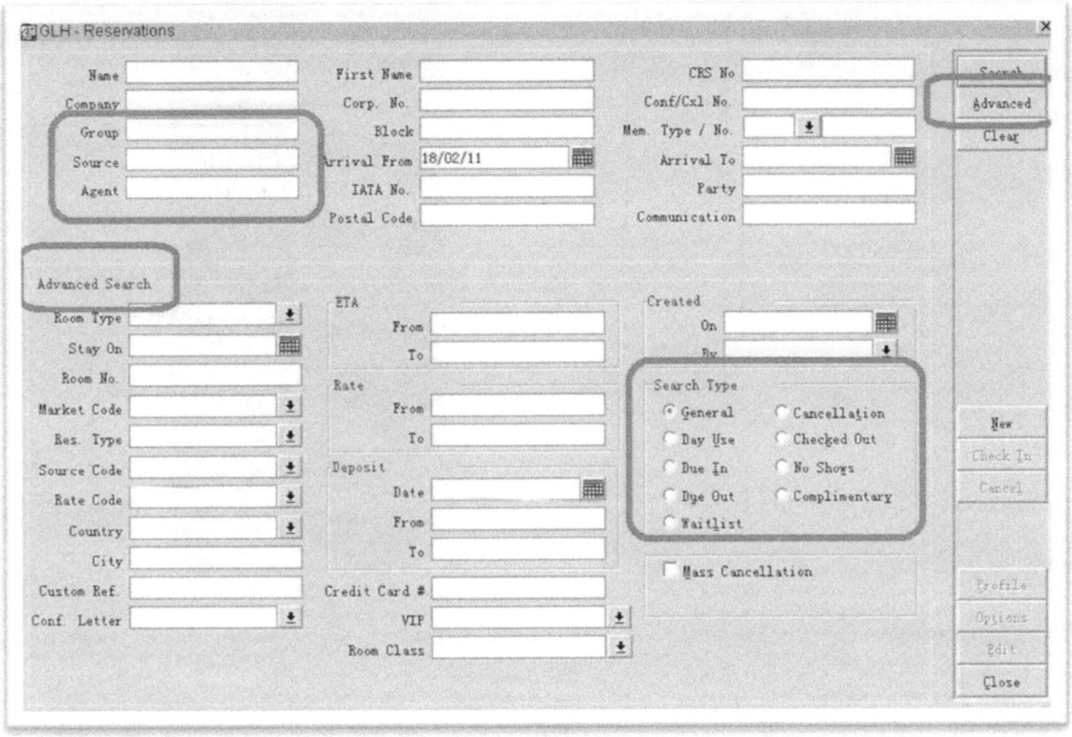

图 4-6　OPERA 更新、查找预订界面

4. 候补预订

候补预订（Wait List）是指在酒店旺季时，因为超额预订，系统已经无法再接受预订了（系统会设置一个合理的超额预订值，超过这个数值的预订将无法再生成预订单），但是，这些顾客也是酒店潜在的顾客，所以系统可以把这些预订处理为候补预订。当有顾客取消预订时，预订员就可以联系这些候补预订的顾客。OPERA 候补预订界面如图 4-7 所示。

5. 预订统计报表

预订系统会自动产生预订统计报表（Reporting），包括当日抵离报表、在住顾客列表、未来 7 天（30 天）的客房预售情况、顾客来源市场报表、分区销售业绩等报表。酒店前台接待系统根据当日抵离报表做好前台员工的排班，酒店预订部可以根据未来的客房销售情况进行房价优化，以达收益最大化。顾客来源市场报表、分销渠道报表等可以帮助销售部进行市场分析，布置更加合理的分销渠道，采取相应的营销措施。

成功后，选择确定按钮，系统回到预订主界面。餐厅分析报表中可查看相应的预订信息。如果需要，可以打印预订确认信，在预订主界面上右击相应预订，选择OPERA Lodge Reservation Mail或图4-6所示。

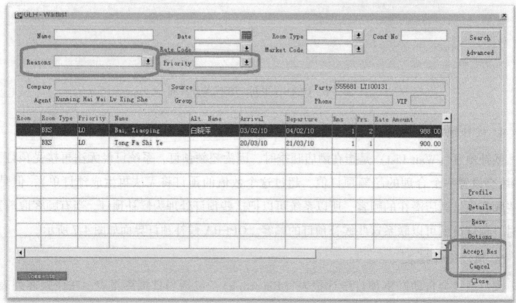

图 4-7　OPERA 候补预订界面

二、接待服务功能

接待服务功能主要用于登记和对客服务，为刚到达的和已入住的顾客提供服务。此模块不仅可以处理已预约的散客、集团、团队，也可以处理未预约顾客（Walk-in）的入住服务，还设有房间分配、顾客留言管理、叫早服务、电话簿信息以及部门之间沟通跟进服务等功能。它的典型功能如下。

（一）散客入住

散客入住按照是否有预订又分为预订散客和 Walk-in 散客的入住登记。如果是预订散客，就只需要在接待系统中找到该预订，打印出预订单，由顾客签字确认即可，然后转登记。如果是 Walk-in 顾客，就需要填写入住登记表，必须单击 Arrivals 界面中的 Walk-in 新建 Walk-in 的预订，直接办理登记，不能单击 New Reservation，这样能保证每日 Walk-in 统计的准确性。散客入住还包括产生入住登记单、分配房间、收取押金并录入系统、制作房卡、房间电话权限设置等操作。OPERA 散客入住查找登记界面如图 4-8 所示，OPERA Walk-in 当日无预订散客入住登记界面如图 4-9 所示。

散客入住登记的信息流程如图 4-10 所示。

散客预订界面 Options 所含常用功能按钮及其具体操作介绍如下。

Add On（复制预订）。在预订部的非上班时间，如果有当日新增手工预订，宾客服务经理会收到来自市场销售部的预订信息，一般宾客服务经理在繁忙的工作中会选择使用此功能。首先选择相同来源、相同付款方式的预订，单击 Add On 后，保存预订即可。但复制完后，需要按实际情况修改，例如所链接的顾客姓名，需要新建即用实际入住顾客的客史档案替换原有的。

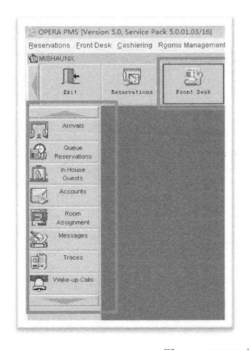

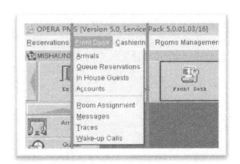

图 4-8　OPERA 散客入住查找登记界面

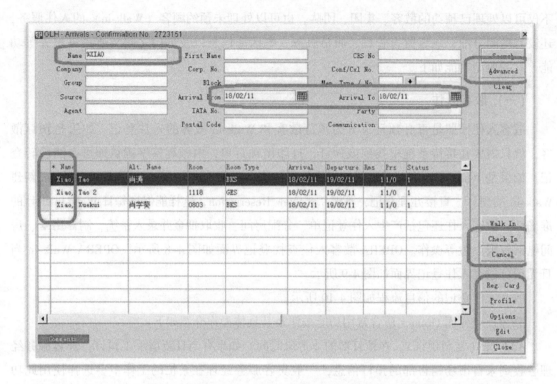

图 4-8　OPERA 散客入住查找登记界面（续）

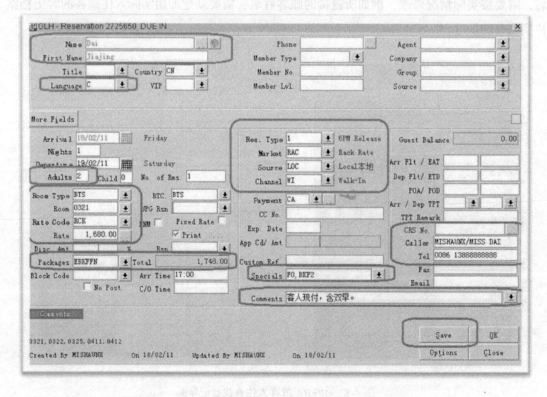

图 4-9　OPERA Walk-in 当日无预订散客入住登记界面

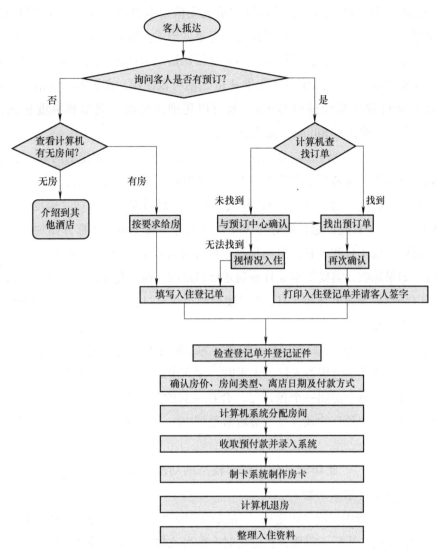

图 4-10　散客入住登记的信息流程

Alert（提醒）。此功能使用频率较高，在酒店的实际工作中，同事需要彼此提醒顾客预订的细节。口头提醒难免被遗忘，同事之间可使用此功能在合适的时间提醒彼此完成应该做的工作。例如，针对某位已经投诉的顾客，宾客服务经理想让所有员工服务这位顾客时多加注意，就可以设置只要打开这个预订就会弹出"此顾客已投诉，多加注意"的内容（可手工输入任何提醒信息）。无论哪位员工服务这位顾客时，一打开顾客预订，就会"多加注意"。

Billing（进入账单）。一种进入房间账单的途径，一个预订一旦 Checked In，此功能自动高亮显示。

Change（更改记录）。此功能可查看预订的来龙去脉，某天某时某刻哪个用户操作了什么，是追责和分析的有力凭证。

Credit Card（预授权信息）。在预订界面填充完信用卡类型、卡号、有效期后，在此处填充预授权额度和预授权码，作为预授权押金记录的形式。所输入的额度只是记录并不影响顾客账目的余额。目前多是扫码预授权，不是直接用信用卡刷取，此功能使用率日益下降。

Deposit（预付款）。此功能只在 Checked In 之前可以使用，在顾客入住前酒店账户收到了为此预订的支付款（非预授权形式），就可以先把支付款按类型和额度输入，待预订 Checked In 之后，自动转入 Billing，此功能关闭。

Fixed Charge（固定收费）。它是使用频率较高的功能，只在固定的时间（指夜审发生时）收取固定的费用，随着房费的产生一起进入 Billing，主要用于升级、加床等。首先选择加收的开始和结束日期（含首尾），再选择交易代码，最后输入每日加收额度。例如，顾客 1 日入住 5 日退房，1 日起自愿付费每晚 300 元升级房间直至退房，那开始加收日期和结束日期可以分别设置成 1 日和 5 日，虽然根据系统计算规则会加收 5 日的 300 元，但是顾客 5 日中午退房，如果加收，需要等至 6 日凌晨才可以加收，所以是无效的。开始加收日期和结束日期也可以分别设置成 1 日和 4 日，5 日凌晨结束 4 日过夜审时加收 4 日的 300 元，总共也是加收 4 次 300 元。

Party（小集体）。当一个顾客以自己的名字为亲朋好友预订多间房时，需要使用此功能批出每个预订，否则无法分房办入住。未批时，多间房的预订合在一起是一个预订号，批出所有房间的预订后，每个房间一个预订号。合在一起的那个预订号即作为此小集体的 Party 号，也是小集体中某个预订的预订号。最后需要把 Party 中房间链接的相同名字用实际入住的顾客名字替换。

Room Move（换房）。此功能是使用频率较高的功能，无论换至相同房型或不同房型，绝对不允许改变 RTC（收费房型）。

Routing（为某笔费用设置挂账途径），也是使用频率较高的功能。一些预订属于第三方预付过房费的，房费产生后不需要顾客退房时在前台支付，需要挂账至 AR 账户，便于财务部核对和第三方进行月结。使用此功能可选择某种费用产生时自动归至 Billing 中某个窗口等待挂账至 AR 账户。

Share（房间共享）。此功能是使用频率极高的功能之一。一个房间一般住两位顾客，新建预订时已经有了一位顾客，办入住时需要将同住的顾客添加至房间。其实就是在前者预订的基础上再复制一个预订，只是预订的顾客姓名不同，后者的预订不产生房费。两位顾客共享一间房，两个预订号，两个 Billing，只是两个预订分了同一间房。

Trace（跟进）。此功能是使用频率较高的功能。当顾客的需求需要其他部门或本部门其他班次的同事完成时使用此功能，设置好对方部门、需要完成的日期和事项。例如，预订部在顾客预订时得知顾客要求房间布置成蜜月房，预订部可使用此功能把顾客的需求传达给客房部。客房部文员每日会打印 Trace 报表，看到蜜月房布置的需求，就会与前台沟通尽早排房，便于客房部安排同事进行布置。此功能保证各部门配合工作正式化、有迹可循。

（二）团队入住

团队入住比散客入住要复杂一些。由于成员并不一定同时抵达，因此团队集体办入住后，并不一定代表所有成员都已经入住酒店。因此，接待子系统会产生一个团队账号（Block Code），来记录团队的信息及账务，这个团队账号叫作团队主单。团队主单和所有成员账单进行关联，以便灵活处理成员账务。团队抵达，则团队主单先办理入住，团队押金也需输入团队主单中。如果其他成员抵达，就按照成员抵达的实际情况进行成员账号操作。团队往往人数众多，因此很多接待子系统都提供批量功能，可以进行信息的批量修改，如抵离时间、留言、备注等，团队入住登记的信息流程如图 4-11 所示。

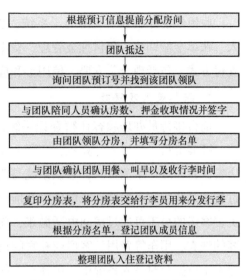

图 4-11　团队入住登记的信息流程

客房分配是接待服务子系统中的重要功能。客房预分配是指为当天抵店的预订提前分配好房间，这样可以减少顾客的等待时间。酒店的客房资源是有限的，而顾客是多样的，所以排房的时候，就需要特别注意优先原则。客房分配次序是：VIP→团队→有特殊需求的预订→其他预订散客。OPERA 客房分配界面如图 4-12 所示。

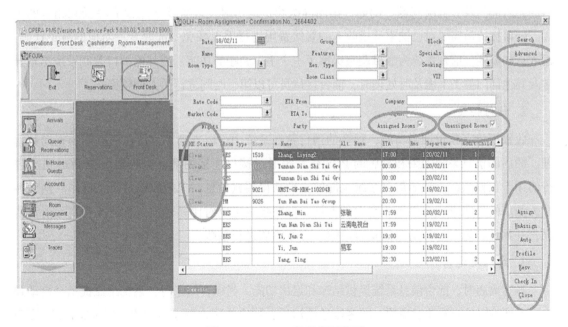

图 4-12　OPERA 客房分配界面

三、收银功能

收银是前厅服务中重要的子系统，也是一个独立模块。收银功能主要包括顾客账单录入、账单金额调整、预付押金管理、费用结算、退房以及账单打印。收银功能可以支持多种支付方式，包括现金、支票、信用卡和应收挂账。

1. 账单录入及修改

前台接待员办理顾客住宿登记手续，即把顾客的姓名、房号、房价及有关资料输入系统。顾客资料一经输入计算机，实际上便在信息系统为该顾客开设了一个账户。当顾客在酒店餐饮营业点产生消费时，餐饮系统与前台系统收银的端口是连接的，负责餐饮的员工可通过餐饮系统将顾客的消费账单传输至前台系统的房间账户挂账；顾客在房间迷你吧的消费，负责客房的员工可通过房间电话抛账，前台系统的房间账户也可与话务系统做端口链接；顾客的洗衣、用车等费用，客房或礼宾的员工让顾客在杂项单上签字确认后，需要前台接待员把手工单据及时录入系统中，选择正确的交易代码，输入正确的消费金额，备注包括杂项单的单号；一些特殊项目的消费，如升级费用、加床费用，系统会在夜审时按预订提前设置好的额度自动入账；系统可以自动统计顾客的消费和支付情况，并实时显示余额。

大部分账目均是通过系统间的传输或自动计入，如果前台接待员在协助其他部门的员工入账时，不小心抛入了错误的交易代码或额度，当日夜审之前可以进行手工调整。在顾客退房结账时，如果出现账目异常现象，考虑到顾客行程紧迫及工作效率，前台接待员往往不能依靠账目的抛入部门及时解决问题。例如，集团高级会员退房时发现餐饮费用没有享受到相应的折扣。前台接待员需要对已被审计成收入的餐饮费用进行手工减免，选取专一对应的减免代码，输入折扣额度。前台系统为账目调整保留了一个手工调账的功能，当其他端口关联系统出现异常及其他部门员工不能及时处理时，前台接待员可以第一时间进行手工调整操作。

2. 预付押金

收银模块有预付押金功能，顾客的预付款在系统中可以查到，方便住店期间的查询和管理。酒店的信息系统如果和酒店的 POS 机系统通过接口连接的话，当收银员在 POS 机上进行信用卡预授权时，酒店信息系统也能够立即获得授权信息，无须收银员手工操作。预付押金为酒店的催账管理提供了非常大的方便。催账报表可以对比顾客预付款情况和实际消费情况，并预计顾客下一日的余额是否足够，方便酒店进行催账。

3. 结账及退房

顾客离店时，前台信息系统提供结账和退房功能。当顾客结账时，系统结账提示会自动弹出，方便收银员查看注意事项。顾客账务结清后，顾客的账户状态也会由"Checked In"变为"Checked Out"，同时，接待服务系统会自动把该房间状态更改了为空脏房（Dirty），方便客房部安排人员打扫。散客结账信息流程如图 4-13a 所示，团队结账信息流程如图 4-13b 所示。

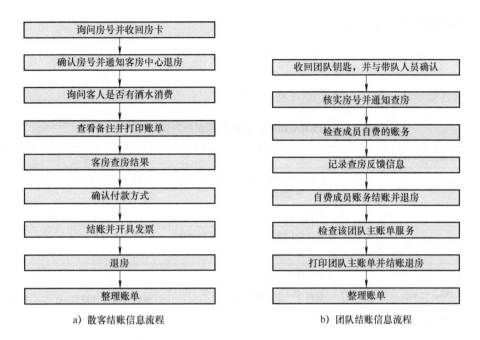

a）散客结账信息流程　　　　　　　b）团队结账信息流程

图 4-13　散客与团队结账信息流程

OPERA 退房结账界面如图 4-14 所示。

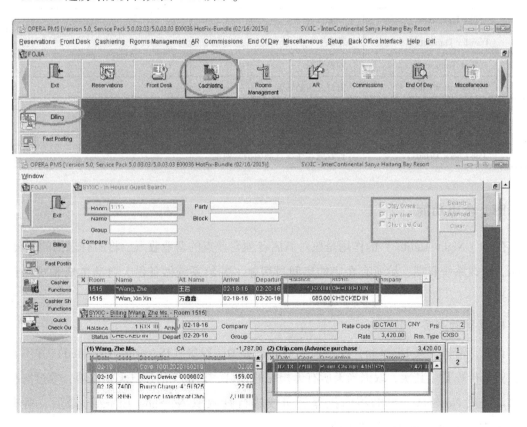

图 4-14　OPERA 退房结账界面

1）如何进入顾客账单：

进入Billing → 在Room、Name等处输入顾客信息 → 按Tab键或Enter键 → 单击Select按钮

2）顾客账单内，鼠标右键功能列表见表 4-1。

表 4-1 OPERA Billing 账单界面鼠标右键功能列表

功能按钮名称	中文说明	备注
Add Guest View	同时打开两个或两个以上顾客的账单，可以同时查阅	当打开多个账单时，下面黑体字的是当前打开的账单
Remove Guest View	删除多打开的顾客账单	
View Summarized Transaction	合并相同账目，可以把相同的账目合并在一起显示	
Delete Transaction	此功能不许使用	
Next Guest	查阅下一个顾客的账单	此两项需在 Add Guest View 的条件下才可以使用
Previous Guest	查阅上一个顾客的账单	
Screen View	屏幕显示	Full 全屏显示
		Split 显示两个窗口
		Quad 显示四个窗口
Split Transaction	分账	
Transfer Transaction	转账	
Adjust Transaction	调整交易	
Transfer to Window	窗口之间的转账	
Add New Window	增加新窗口	最多可以开 8 个窗口
Delete Window	删除窗口	在删除窗口时从后向前删除
Pos Check Details	查看顾客在餐饮部的消费明细	

四、夜审功能

夜审（Night Auditor）的作用是核对酒店各项营业点的营业收入，将所有未到的预订 No Show，更改系统日期，给所有在店的房间过房账，并给系统做备份，自动生成系统已设置好的报表。

1. 夜审的准备工作

首先，清掉当天 Due Out，夜审前此数必须是 0，假房（Departure Expected）并不在其中，要另行查看。其次，取消当天所有无担保的预订，有担保的预订无须取消，等过完夜审后自动做成 No Show，到时将向担保公司或旅行社收取 No Show Charge。最后，所有的 Cashier 要在下班前将自己的账关掉。

2. 夜审的过程

在正式过夜审时，系统会提醒过夜审人员，一分钟内通知各部门退出 OPERA，如不退出 OPERA，系统在 OPERA 屏中死机，必须在过完夜审后，重新进一次系统。如果过夜审时系统发生错误，停止夜审，及时通知 EDP（一般出现红色的字体，应该是出现错误的表现）。具体过程包括以下：Departures（退房审计）、Roll The Business Date（往前推进一天的数据审计）、Posting Room and Tax（输入房间产品的税费）、Run Additional Procedures（操作其他程序审计）和 Print Final Report（打印报表）。

3. 计算机过夜审的操作步骤

酒店员工或 OPERA PMS 操作员使用计算机过夜审时，一共需要九个操作步骤，具体步骤详见表4-2。

表4-2　OPERA PMS 夜审步骤

步 骤 顺 序	内　　　容
1	单击操作按钮 End Of Day
2	单击操作按钮 Night Audit
3	单击操作按钮 End Of Day Log In
4	输入 User Name & Password
5	输入 Date（系统默认）
6	单击操作按钮 End Of Day Routine
7	单击操作按钮 Start
8	单击操作按钮 Roll The Business Code
9	单击操作按钮 Print Final Report

4. 过夜审的过程中可能遇到的情况

1）如有预订未清除干净，系统会自动弹出窗口，让夜审员选择是否做成 No Show，单击 Cancel 为取消该预订，单击 Check In 为入住该预订，单击 Close 为将此预订转成 No Show。

2）Due Out 未做清零，系统会自动跳出对话框，提示夜审员将 Due Out 清除，或 Check Out 或延期，待 Due Out 清干净后方可继续夜审。

3）有的收银员下班时未关账，系统也会自动跳出对话框，提示夜审员要帮助未关账的收银员将账关掉，但夜审员要提醒未关账的收银员以后不要再有此类事件发生。

4）有可能在入房费时入不进去，要停止过夜审，及时通知 EDP。

5）在计算机过夜审时，每一步与下一步之间会有对话框跳出，问是否继续夜审，一定要点 Yes。

第五节　酒店前台管理信息系统的发展趋势

一、自助化

1. 自助预订和选房

360°实景技术可以让消费者足不出户，利用网络平台便可观看360°实景视频，模拟亲临实地视角来了解空间特征。顾客动动鼠标就能身临其境地洞察酒店各处空间，包括大堂、客房、餐厅、会议室、健身房等。利用360°实景技术的自助选房服务，顾客只需登录酒店的官方网站进行在线预订并全额付款，在入住当天早上单击"自助入住按钮"进入选房页面，一张入住酒店的楼层平面图便会跃然眼前，通过该平面图可以了解酒店的整个楼层和客房布局，自由选择自己心仪的房间。

2. 自助入住

由于厌倦了总台排队时间长，越来越多的顾客开始倾向自助入住。

万豪集团也在这方面进行了尝试，纽约哈莱姆雅乐轩酒店和加利福尼亚库比蒂诺雅乐轩酒店将是首批试行虚拟入住技术的酒店。顾客只需要下载万豪集团旗下酒店的移动 App，使用智能手机就可以进行登记入住，登记后顾客会收到一条手机短信，包括酒店房间号等信息，并且还会收到虚拟酒店客房钥匙，这样顾客不用在前台停留就可以直接进入房间了。万豪集团旗下的皇冠假日酒店的顾客也可以通过智能手机随时随地登记入住。顾客来到酒店后，可以不经过酒店前台自行在入住时扫描登记入住码获得酒店客房钥匙。

二、集成化

在信息管理智慧化的要求下，酒店的前厅管理信息系统也变得越来越集成。酒店前厅管理信息系统可以将各个分销渠道通过接口系统直接进行连接，所有订单可以直接进入前厅管理信息系统，实现数据的无缝衔接。

例如，很多酒店都和携程有合作，但是携程的预订信息无法直接到达酒店的前厅管理信息系统中，酒店需要在本地计算机安装携程的预订终端才能查询预订。酒店前厅管理信息系统通过接口与其他分销渠道的系统进行对接后，分销渠道商可以实时看到酒店客房的库存情况并直接进行预订，所有预订信息能够直接进入酒店前厅管理信息系统。

三、注重收益管理

收益管理能够使酒店的客房等得到有效利用，使酒店管理从经验管理上升为科学管理，从而较大地提高酒店的经济效益。因此，越来越多的酒店及酒店集团将日益重视并实施收益管理。从发展的现状和趋势来看，收益管理已经从一种管理思想转化为一种先进的信息管理系统，好的酒店管理信息系统都会有收益管理的内容。前厅管理信息系统的收益管理使未来酒店的房价价格将不再是固定的价格，而是根据当天的开房率来定价，以创造最大的客房利润。这有利于酒店进行更加精细的收益管理。

四、无纸化

虽然管理信息系统本身是环保的，但是由于酒店传统的手工模式并没有完全被替代，因此很多酒店管理处于管理信息系统和手工操作模式并行的阶段。比如，在财务审计等环节，需要将大批积累的纸质订单确认件送到财务和审计部门，过程相当烦琐，同时也浪费不少纸张。

2014 年年初，香格里拉集团的"无纸化订房系统"正式使用。无纸化订房系统利用系统带有的 Docuworks 管理软件，可将纸质文件和电子文件无缝结合，并向操作日常纸质文件一样进行标注、合并或增减页，以及电子签章等。

无纸化订房系统改变了酒店传统的订房流程，帮助酒店行业降低纸张用量，实现环保目标，同时更可大幅提高工作效率，降低出错率，方便内部信息共享及管理，确保顾客满意度的提升。

知识补充

OPERA PMS 功能快捷键见表 4-3。

表 4-3　OPERA PMS 功能快捷键

快　捷　键	英　文　注　解	中　文　注　解
F1	Opera Help	系统说明
F3	Room Search	房间查询
F5	Rate Query	房价查询
F7	New Reservation	新预订
F8	Log Out	计算机签退
Shift+F1	Occupancy Graph	出租率柱状图
Shift+F2	Control Panel	出租率信息表
Shift+F3	House Status	酒店当前状态
Shift+F4	Inquiry	查询
Shift+F5	Floor Plan	楼层平面图
Shift+F6	Telephone Book	电话本

（续）

快 捷 键	英 文 注 解	中 文 注 解
Shift+F7	IFC Menu	终端
Control+F1	Opera Help	OPERA PMS 快捷键操作说明
Control+F2	Detailed Availability	可卖房明细
Control+F3	Room Plan	房态条状图
Control+F4	Calendar	日历
Control+F7	Telephone Operator	接线员查询顾客信息
Control+F8	MAX Availability	最大定期可卖房

课后习题

一、选择题（单选/多选）

1. 酒店在网络渠道销售客房，应至少提前（　　）通知网络预订平台。

A. 6 小时　　　　　　　　B. 12 小时　　　　　　　　C. 24 小时　　　　　　　　D. 48 小时

2. 当天满房变更，酒店应当在当天（　　）以前通知网络预订平台，并得到网络预订平台负责人确认。

A. 12：00　　　　　　　　B. 14：00　　　　　　　　C. 15：00　　　　　　　　D. 18：00

3. OPERA 系统审核是指（　　）。

A. 网络预订平台于当天 24 时左右，以电话形式直接与酒店前台联系，由酒店告知平台预订的顾客是否到店等情况

B. 网络预订平台于第二天上午将前一天的预订单汇总表以及已住店顾客情况表发往酒店，由酒店专人在预订单汇总表上填写顾客入住情况，并于当天下午回传网络预订平台

C. 网络预订平台的系统自动进行顾客入住情况审核

D. 酒店由专人每天在网络预订平台的网上订房系统中，填写顾客是否入住、入住人姓名和房号及正确的离店日期，直接提交到网络预订平台系统

4. 在与网络预订平台合作销售客房时，如因酒店原因造成网络预订平台顾客不能顺利入住，（　　）。

A. 网络预订平台负责免费给顾客安排至其他同等级酒店

B. 酒店负责免费给顾客升级或在顾客同意的前提下，安排至同星级的酒店

C. 酒店可适当多收费用为顾客升级至高等级客房

D. 顾客自行寻找酒店

5. 网络预订平台于当天 24 时左右，以电话形式直接与酒店前台联系，由酒店告知平台预订的顾客是否到店等情况，这属于（　　）。

A. 日审　　　　　　B. 夜审　　　　　　C. 系统审核　　　　D. 财务审核

6. 网络预订平台于第二天上午将前一天的预订单汇总表以及已住店顾客情况表发往酒店，由酒店专人在预订单汇总表上填写顾客入住情况，并于当天下午回传网络预订平台。这种情况是（　　　）。

A. 日审　　　　　　B. 夜审　　　　　　C. 系统审核　　　　D. 财务审核

7. 酒店与客房预订网站通常是按（　　　）结算预订服务费。

A. 天　　　　　　　B. 月　　　　　　　C. 季度　　　　　　D. 年

二、简答题

1. 简述前厅管理信息系统的内容。

2. 简述前厅管理信息系统的特点，并举出例子。

3. 简述前厅管理信息系统的功能。

4. 请画出前厅管理业务基本流程图，并做分析。

5. 简述酒店前厅与其他部门之间的联系。

6. 前厅管理信息系统主要处理那些酒店业务？

7. 结合实际，谈谈酒店前厅管理信息系统的发展趋势。

8. 请列举 2~3 项最新的酒店管理信息系统技术；并描述它们的工作原理，所属酒店集团，以及用户对它们的评价。

案例分析

顾客信息保密

一位先生入住 1808 房，要求为保密房。第二天一位自称为该顾客妻子的女士到酒店前台问询处查找这位顾客，前台工作人员 Amy 通过酒店管理信息系统的查询得知顾客申请保密，便礼貌地告知她查无此人，但她说她丈夫肯定在这里住，现在找他有急事，要求前台工作人员仔细查找。此刻 Amy 灵机一动，说："我去办公室帮你查找一下住客资料。"Amy 来到后台，通过电话告知 1808 房顾客前台有人找他，此顾客问明情况后表示要回避。于是 Amy 来到前台再次对该女士说查无此人，该女士见前台工作人员不厌其烦地找了几遍都没结果就离开了。

思考题：

1. 酒店管理信息系统中的哪些信息需要特别注意？

2. 前台工作人员 Amy 的处理是否得当？为什么？

第五章　酒店客房管理信息系统

学习目标

1. 理解酒店客房管理信息系统的内容、特点
2. 掌握酒店客房管理信息系统的功能
3. 分析酒店客房管理信息系统的发展趋势

学习重点

1. 酒店客房管理信息系统的内容
2. 酒店客房管理信息系统的特点
3. 酒店客房管理信息系统中的房态

学习难点

1. 酒店客房管理信息系统的功能
2. 酒店客房管理信息系统的发展趋势

第一节　酒店客房管理信息系统的内容

一、客房管理信息系统的定义

客房管理信息系统有广义与狭义之分。广义的客房管理信息系统涉及多方面的管理系统，包括客房 PMS、客房门锁系统、客房自动控制系统、客房多媒体系统、客房节能系统。狭义的客房管理信息系统主要是指酒店管理信息系统中的客房管理模块。

二、客房管理信息系统的数据流程

客房管理信息系统的数据流程如图5-1所示。

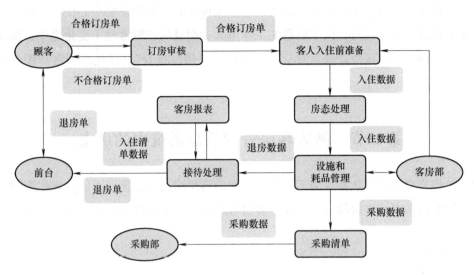

图5-1 客房管理信息系统的数据流程

图5-1中的名称表示数据流，箭头表示数据流流向。具体来看，酒店管理客房的数据流程主要包括以下几个部分：①顾客通过各种方式进行订房，前台对顾客的订单进行审核，并把订单数据传给客房部；②客房部对订单数据进行入住前准备处理；③顾客入住时填写入住登记表，确认入住，前台通知客房部做接待处理；④酒店根据预订情况，在没有顾客要求的客房时，客房部做退房处理；⑤结合入住和退房数据确认最终在住顾客，并形成客房日报表；⑥根据录入情况及平时用品情况制订采购计划和采购清单，将采购清单的数据提交给采购部进行采购，以补充客房的耗材及其他设施。

三、客房管理信息系统的特点

1. 初始信息量大

在客房管理信息系统刚刚建立初期，客房的基础资料信息较多。酒店需要全面查清每个客房的特征与属性，并且将特征输入信息系统中去。系统设置的信息量较大，设置完成后，工作量相对就比较小了。

2. 时效性要求高

只有客房部打扫好房间，并且在客房管理信息系统中进行状态更新后，才能够安排入住该房间。所以，酒店对客房信息系统的时效性要求较高。在客房服务员打扫完毕且领班检查确认后，需要立即将房态更新。一旦有顾客有迷你吧消费或者损坏客房物品，客房服务员就需要在第一时间将消费信息输入客房管理信息系统，以免发生漏结账目。

3. 准确度要求高

客房管理信息系统对客房状态的要求较高，一旦客房状态出错，就有可能导致售重房或者浪费房间资源。所以，在进行客房管理信息系统操作时，需要特别小心谨慎，输入信息完毕后，需要再次核对。同时，由于前台的工作量大，而且房态时常处于变化之中，操作失误也是很难避免的，因此接待处要定时与客房部核对"楼层报告"，以免出现客房销售及客房服务混乱。

第二节　酒店客房管理信息系统中的房态

房态是指客房当前的状态。为了随时掌握酒店客房房态的变化，酒店在客房管理中需要用一些专用术语来表示客房的现实情况。客房管理信息系统中常见的房态包括以下五种：

一、住客房

住客房又称实房，是指住客正在使用的客房。由于顾客的使用情况、要求等不同，住客房又有下列几种状态：

请勿打扰房（Do Not Disturb，DND），表示该客房里的顾客不愿被服务人员或其他人员打扰。

请立即清扫房（Make Up Room，MUR），表示该客房的顾客应会客或其他原因需要服务员立即清扫。

外宿房（Sleep Out Room，S/O），表示该客房已被租用，但顾客彻夜未归。为了防止顾客逃账等意外情况的发生，应将这种客房状况及时通知前台主管。

无行李房（No Baggage，N/B），表示该客房的顾客无行李。同样应及时把这一情况通知前台主管，以防发生逃账情况。

贵宾房（Very Important Person，VIP），表示该客房的顾客是酒店的重要顾客，在酒店的接待服务过程中应优先于其他顾客，给予特别的关照。

长住房（Long Staying Guest，LSG），即长期有顾客包租的客房。

加床房（Extra Bed，EB），表示该客房有加床服务。

二、走客房

准备退房（Expected Departure，E/D），表示该客房顾客应在当天中午 12:00 以前退房，但现在还未退房。

未清扫房（Vacant Dirty，VD），表示该房顾客可以结账并离开但还未经过清扫，服务员可以按规定进房整理。

已清扫房（Vacant Clean，VC），表示该客房已经清扫完毕并经过检查可以重新出租，许多酒店也将其称为 OK 房。

三、空房

空房即昨日暂时无人租用，或者清洁工作已经被主管检查的、顾客可以直接入住的客房。

四、维修房

维修房（Out of Order，OOO）又称待修房或故障房，表示该客房设施设备发生故障或正处于更新改造之中，暂时不能使用。

五、保留房

保留房（Out of Service，OOS）是指为预订的散客或团队顾客预留的客房。

知识补充

Room Status 酒店客房房态见表 5-1。

表 5-1　Room Status 酒店客房房态

英文缩写	英文全称	中文
CL/VA	Clean & Vacant Room	干净的空房间
CL/AE	Clean & Arrival Expect Room	干净的预计到店的房间
CL/OC	Clean & Occupied Room	干净的住客房间
CL/DN	Clean & Due Out Room	干净的预计离店的房间
DI/OC	Dirty & Occupied Room	未清扫的住客房
DI/DN	Dirty & Due Out Room	未清扫的预订离店的房间
DI/AE	Dirty & Arrival Expect Room	未清扫的预计到店的房间
DI/VA	Dirty & Vacant Room	未清扫的空房间
PU/AE	Pick Up & Arrival Expect	稍需整理并预计到店的房间
PU/VA	Pick Up & Vacant	稍需整理的空房间
PU/OC	Pick Up & Occupied Room	稍需整理的住客房
PU/DN	Pick Up & Due Out Room	稍需整理的即将离店的房间
OOO	Out of Order	维修房
OOS	Out of Service	保留房

知识拓展

酒店房型

按设施及规格分类：

Single Room（单人间）

Double Room（双人间）

Triple Room（三人间）

Quad Room（四人间）

Suite（套间）

Apartment（公寓）

Villa（别墅）

King Size/Queen Size Room（大床间）

Standard Room（标准间）

Twin for Sole Use，TsU（标准间单人住）

按级别分类：

Economic Room（经济间）

Standard Room（普通间）

Superior Room（高级间）

Deluxe Room（豪华间）

Business Room（商务标间）

Executive Room（行政标间）

Executive Floor（行政楼层）

按朝向分类：

Front View Room（朝街房）

Rear View Room（背街房）

City View Room（城景房）

Garden View Room（园景房）

Sea View Room（海景房）

Lake View Room（湖景房）

特殊房型：

Run of the House（不限房型）

Non Smoking（无烟标准间）

Handicapped Room（残疾人客房）

Room with Kitchen（带厨房客房）

Adjoining Room（相邻房）

第三节　酒店客房管理信息系统的功能

一、房间管理功能

房间管理主要是指对客房的状态进行实时更新。

客房部主要进行客房的清洁状况更新。例如，当客房服务员打扫好房间后，经领班确认，需要通过客房管理信息系统将客房状态更新为"IP（Inspected，空房）"房，于是该房间变成了可销售房。如果有顾客参观了房间，需要重新打扫才能够销售，客房部可以将房间设置成"Clean"房（清扫干净的房间），避免该房间被售出，影响顾客体验。

除了进行常规的客房清洁状况更新外，管理信息系统还可以设置客房的特殊状态。例如，如果房间设备设施发生故障，就需要通过系统填写故障报告，并及时通知工程部进行维修。另外，为了延长酒店客房的使用期，客房部需要定期对酒店客房进行保养和维护。通过管理信息系统，酒店可以提前设置好需要保养的客房，这些客房就变为不可售的房间。

二、清洁工作量分配和统计功能

酒店的客房每天都需要打扫，所以分配清洁员进行楼层客房清扫是常规的任务。有了管理信息系统，酒店管理人员为客房服务员分配工作就显得非常简单了。客房管理信息系统能够列出待打扫的房间数量和类型，酒店管理人员可以根据实际的工作量灵活安排客房服务员进行清扫。

每月月底，管理信息系统还可以统计出每个客房服务员的清扫工作量，按照房型参数、房间数等指标，打印出客房清洁工作量的详情单。

三、顾客入住和退房提示

当有顾客入住时，客房管理信息系统可以提示房务中心的工作人员，方便客房部做好服务准备。当顾客要退房时，系统也能够进行提示。当顾客到前台结账时，前台服务员只需要通过系统报查房功能通知客房部查房。客房部查房完毕后，也可以直接在客房信息系统中输入客房消费情况，并确认查房完毕。这个功能可以很好地提升顾客的体验。

四、物品租赁管理

客房部的物品种类繁多。为了方便顾客，大多数酒店提供物品租赁服务。但是，物品的管理却成了一个大问题。租赁物品的顾客一旦退房结账，他们租赁的物品在查房时很容易被遗漏。通过客房管理信息系统的租赁管理功能，酒店就可以实时追踪那些租赁出去的物品。当顾客到前台结账时，前台工作人员可以看到顾客有无租赁物品的记录，方便协助客房部追回租赁物品。

五、遗失、遗留物品管理

手工操作的酒店，一般都将遗失物品、遗留物品记录在记录本中，并且将这些物品统一管理。通过客房管理信息系统记录遗失、遗留的物品，可在计算机中存档，如果物品被领走，信息系统也有记录可查。

知识拓展

RCU（Room Control Unit，客房控制器），是酒店部署客房控制系统时使用的。RCU 具备微处理功能，即集成 MCU（Micro Control Unit，微控制器），能通过无线控制所有的客房电器、灯具及插座等。

第四节　OPERA PMS 快捷键

一、OPERA PMS 快捷键的内容

OPERA PMS 快捷键能帮助酒店员工快速、高效地解决操作问题。OPERA PMS 快捷键一共有 18 个，分别是：F1、F3、F5、F7、F8、Shift+F1、Shift+F2、Shift+F3、Shift+F4、Shift+F5、Shift+F7、Shift+F8、Control+F1、Control+F2、Control+F3、Control+F4、Control+F7 和 Control+F8。同时，在 OPERA PMS 的操作过程中，可以在功能按钮 Miscellaneous 中选择 Show Quick Keys，就会显示快捷键操作提醒界面如图 5-2 所示。

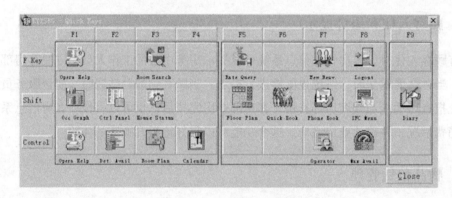

图 5-2　OPERA PMS 快捷键操作提醒界面

二、OPERA PMS 快捷键操作说明

（一）F1 快捷键

F1：Opera Help（系统说明）。此键是 OPERA PMS 各个功能的详细说明，酒店员工或 OPERA PMS 操作者将内容输入计算机，可以得到相应的查询注解。

（二）F3 快捷键

F3：Room Search（房间查询如图 5-3 所示）。显示房间当时的状态，可以根据酒店员工或 OPERA PMS 操作者选用的房型查找房间，包括以下内容：

1. 房间状态选项

All Rooms（所有房间）、Clean Rooms（干净房）、OOS Rooms（维修房）、Due Out（预离）、Dirty Rooms（脏房）、OOO Rooms（保留房）、Checked Out（已退房）、Incl. Pseudo Rooms（包括全部假房）。

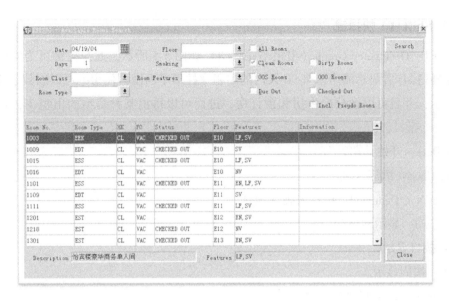

图 5-3　房间查询

2. 其他内容

Date（日期）、Days（天数）、Room Class（酒店区域）、Room Type（房间类型）、Floor（楼层）、Smoking（吸烟房）、Room Features（房间特征）。

（三）F5 快捷键

F5 键：Rate Query（房价查询）如图 5-4 所示。房价查询这一功能是做预订的一个非常重要的步骤。这个快捷键为酒店员工或 OPERA PMS 操作者显示房价信息，具体包括：

Rate Query：价格查询，可用于新建预订。

Rates By Room Number/Type：按照房号或房间类型查询价格。

Package Elements：包价查询。

图 5-4　房价查询

Rate Availability Grid：可入住的房间价格查询。

（四）F7 快捷键

F7：New Reservation（新预订）。此快捷键的功能等同于 F5，界面也完全一样。

（五）F8 快捷键

F8：Log Out（计算机签退）。酒店员工或者 OPERA PMS 操作者在离开计算机时要签退，这个功能键是所有的酒店员工或 OPERA PMS 操作者在离开工作岗位时必须要用的。

（六） Shift+F1 快捷键

Shift+F1：Occupancy Graph（出租率柱状图）如图 5-5 所示。此快捷键可为酒店员工或 OPERA PMS 操作者显示酒店未来 90 天内的出租率柱形平面图，住房率可以以数字或百分比的形式显示，并且可以区分出占房和预订房，进而可以得出某种房型的出租率，具体包括以下：

Start Date：开始日期。

Room Class：酒店区域。

Include Non Deducted：包括未确认预订。

Show Grid：显示网格线。

Day：按日显示。

Week：按周显示。

Number of Days：横坐标比例。

Sack Bar：选择显示数据类型。

Room Type：房间类型。

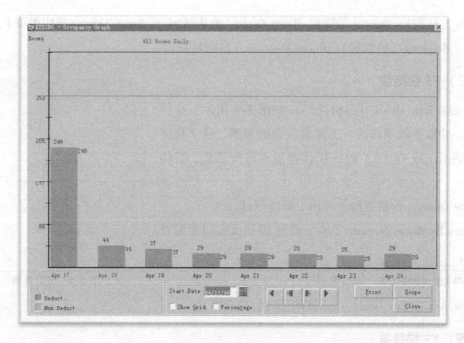

图 5-5　出租率柱状图

（七） Ctrl+F1 快捷键

Ctrl+F1：Opera Help（OPERA PMS 快捷键操作说明）如图 5-6 所示。此快捷键可以给酒店员工或者 OPERA PMS 操作者显示所有功能键的具体说明。

（八）Shift+F2 快捷键

Shift+F2：Control Panel（出租率信息表）。此快捷键可显示每 7 天的出租率信息。通过此快捷键，酒店员工或 OPERA PMS 操作者可以查出预抵、预离、占房、出租率等各项信息，其中包括：

图 5-6　OPERA PMS 系统快捷键操作说明

Total Physical Rooms：酒店所有的房间数目。

Out of Order：维修房。

Inventory Rooms：酒店当前实际可卖房。

Overbooking：酒店当前可以超预订的房间数。

Sell Limits：酒店可卖房数 。

Deducted Block Rooms Not P/U：当前全部已确认的团队预订数，但没有生成预订。

Deducted Block Rooms P/U：当前全部已确认团队预订数，已经生成预订。

Total Deducted Rooms：全部已经确认的预订，包括在店的顾客及已经确认的当天的预订。

Non Deducted Block Rooms Not P/U：不确认的团队预订，没有生成预订。

Non Deducted Block Rooms P/U：不确认的团队预订，但已经生成预订。

Total Non Deducted Rooms：全部不确认的预订，包括团队及前台预订。

Out of Service：保留房。

Available Physical Rooms：当前可用房数。

Maximum Availability：最大定期可卖房。

Minimum Availability：最小定期可卖房。

Min. Occupancy %：最小出租率。

Max Occupancy %：最大出租率。

Total Rooms Reserved：当日实际预订数 。

Event：活动。

Adults In-house：当日全部在店成人数目。

Children In-house：当日在店儿童数目。

Persons In-house：当日全部人数。

Arrival Rooms：预抵房间数。

Arrival Persons：预抵人数。

Departure Rooms：预离房间数。

Departure Persons：预离人数。

Room Type Overbooking：是否可以超预订。

Day Rooms/Persons：日用房房数/人数。

Waitlist Rooms/Persons：候补房间/人数。

（九）Ctrl+F2 快捷键

Ctrl+F2：Detailed Availability（可卖房明细）如图 5-7 所示，此快捷键可以查询酒店未来 10 天的各种房型的剩余数。酒店员工或 OPERA PMS 操作者通过此快捷键可连续向后查询，主要包括：

Start Date：开始日期。

Room Class：酒店区域。

Include OOO：打"√"表示不包含保留房，默认为打"√"。

Include Non Deducted：打"√"表示包括不确认的预订（一般为不确认的团队）。

Include Overbooking：打"√"表示包含可以超预订的房间数；不打"√"为实际房间数，默认为打"√"。

Search：刷新。

Details：预订详情。

Availability：可卖房的汇总信息。

Toggle：切换成占用房情况。

Blocks：查看当天入住酒店的团队信息。

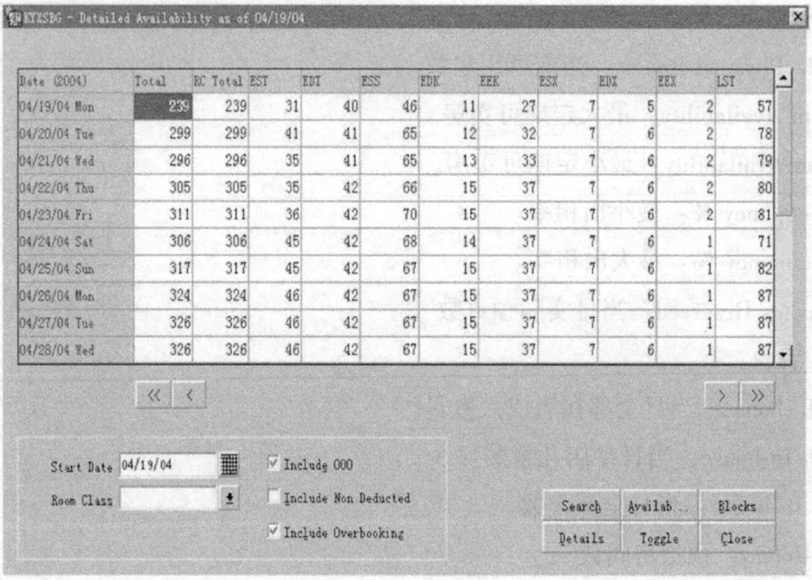

Date (2004)	Total	RC Total	EST	EDT	ESS	EDK	EEK	ESX	EDX	EEX	LST
04/19/04 Mon	239	239	31	40	46	11	27	7	5	2	57
04/20/04 Tue	299	299	41	41	65	12	32	7	6	2	78
04/21/04 Wed	296	296	35	41	65	13	33	7	6	2	79
04/22/04 Thu	305	305	35	42	66	15	37	7	6	2	80
04/23/04 Fri	311	311	36	42	70	15	37	7	6	2	81
04/24/04 Sat	306	306	45	42	68	14	37	7	6	1	71
04/25/04 Sun	317	317	45	42	67	15	37	7	6	1	82
04/26/04 Mon	324	324	46	42	67	15	37	7	6	1	87
04/27/04 Tue	326	326	46	42	67	15	37	7	6	1	87
04/28/04 Wed	326	326	46	42	67	15	37	7	6	1	87

Start Date 04/19/04 　☑ Include OOO

Room Class 　☐ Include Non Deducted

☑ Include Overbooking

Search　Availab...　Blocks

Details　Toggle　Close

图 5-7　可卖房明细

（十）Shift+F3 快捷键

Shift+F3：House Status（酒店当前状态）如图 5-8 所示，通过此快捷键，酒店员工或

OPERA PMS 操作者可查询酒店当天的出租率、预抵、预离、坏房等信息，主要包括：

1. Room Summary（有关房间数量事宜的查询）

Total Hotel Rooms：总房数。

Out of Order：维修房。

Total Rooms to Sell：可卖房数。

Out of Service：保留房。

2. Activity（顾客入住情况查询）

Stayovers：在店顾客（注：不是今天到，也不是今天走）。

Departures Expected：预离。

Departures Actual：实际离开。

Arrivals Expected：预抵。

Arrivals Actual：实际到店。

Extended Stays：续住。

Early Departures：提前离开。

Day Rooms：白天用房（注：当天来，当天走）。

Walk Ins：上门散客。

3. End of Day Projection（房间分配情况查询）

Min. Available Tonight：最少可用房。

Max. Occupied Tonight：最多住房，包括未确认预订房间数。

Max. % Occupied Tonight：最大出租率。

Blocks not Picked Up：锁房未分的房间数。

Individuals：散客。

Groups & Blocks：团队 & 锁房。

4. Housekeeping Status（房间状态查询）

OCC/VAC：有人住/没人住。

Clean Rooms：干净房。

Dirty Rooms：脏房。

Out of Order Rooms：维修房。

Out of Service Rooms：保留房。

Room Class：酒店区域。

（十一） Ctrl+F3 快捷键

Ctrl+F3：Room Plan（房态条状图）如图 5-9 所示。此快捷键可显示房间准确房态及住客情况，以及各个房态的准确房数。酒店员工或 OPERA PMS 操作者通过此键可选择房型查看，具体所看到的内容包括：

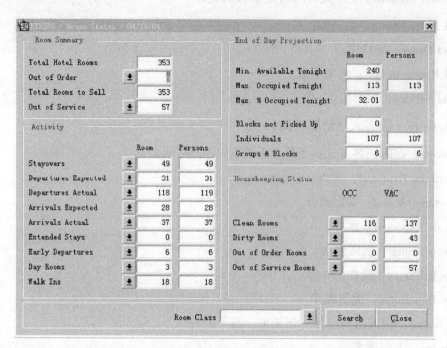

图 5-8　酒店当前状态

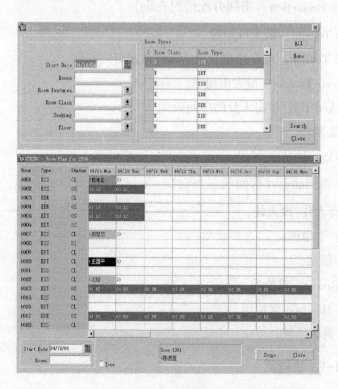

图 5-9　房态条状图

Start Date：开始日期。

Rooms：房号。

Room Features：房间特色。

Room Class：酒店区域。

Smoking：是否吸烟房。

Floor：楼层。

Room Type：房间类型，打"×"选中房间类型。

Room：房间号。

Type：房间类型。

Status：房间状态。

（十二）Shift+F5 快捷键

Shift+F5：Floor Plan（楼层平面图）如图 5-10 所示。此快捷键可以为酒店员工或
OPERA PMS 操作者显示酒店里每层具体房态概况和房间的所属位置，主要包括：

CL/OC：干净房/有人住。

CL/DN：干净房/客人预离。

DI/OC：脏的房/有人住。

DI/DN：脏的房/客人预离。

CL/AE：干净房/客人预抵。

CL/VA：干净房/空的房。

DI/AE：脏的房/客人预抵。

DI/VA：脏的房/空的房。

OO/OS：维修房/保留房。

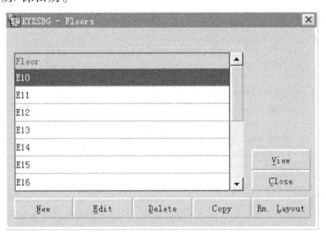

图 5-10　楼层平面图

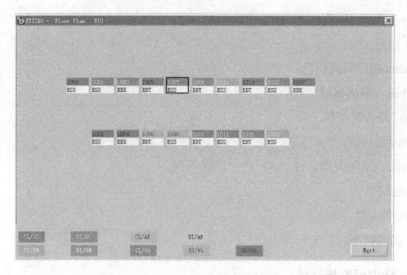

图 5-10　楼层平面图（续）

（十三）Shift+F6 快捷键

Shift+F6：Telephone Book（电话本）如图 5-11 所示，通过此快捷键，酒店员工或 OPERA PMS 操作者可查询记录内、外线号码，各方面的信息，是酒店内部的"黄页"，主要包括：

Category：大类。

Remarks：备注。

Print：打印，选中一个大类，打印该大类下所有详细信息。

Edit：编辑。

Preview：预览。

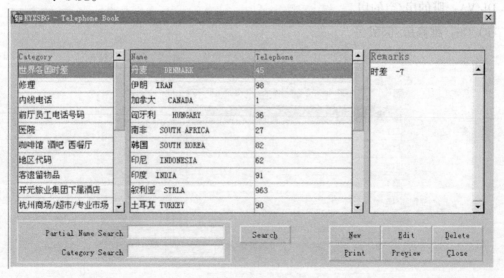

图 5-11　电话本

（十四）Ctrl+F7 快捷键

Ctrl+F7：Telephone Operator（接线员查询顾客信息）如图 5-12 所示，通过此快捷键，酒店员工或 OPERA PMS 操作者可查询详尽的顾客信息，并可以留 Message、Trace、Locator，同时还可以模糊查询顾客信息，即使在 No Show、Check-out 的状态下均可查询，具体包括：

All Guests：所有顾客。

Arrivals：预抵顾客。

Stay Overs：住店顾客。

Departures：离店顾客。

T. Operator：总机房查询。

Include No Shows：包含该到未到顾客。

Include Check Outs：包含已退房顾客。

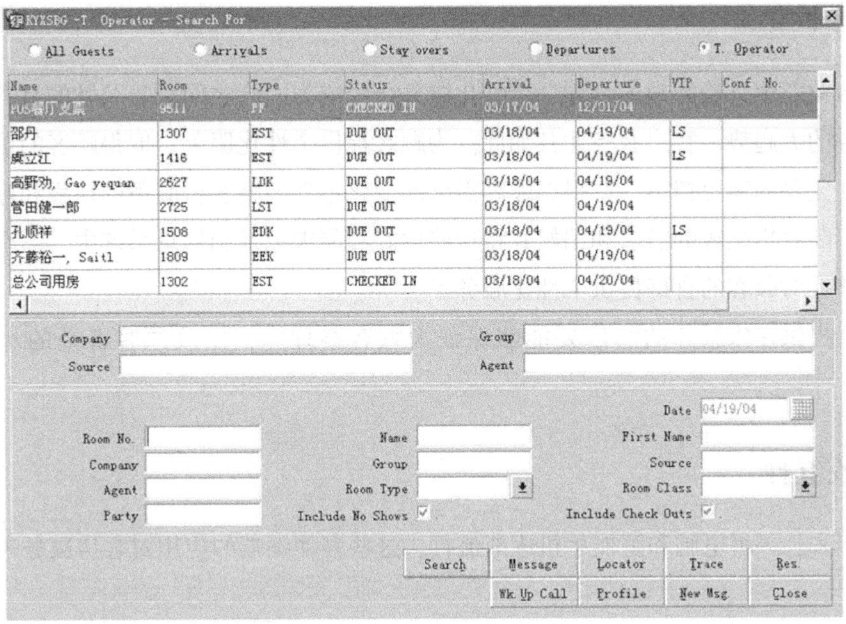

图 5-12　接线员查询顾客信息

第五节　酒店客房管理信息系统的发展趋势

一、智能化

随着高科技时代的到来，顾客尤其是一些商务顾客，对酒店客房的各种设施都提出了更高的要求。科学技术的进步驱使客房的设施向着智能化的方向发展，而客房管理信息系统可以和客房内任何设施的接口系统进行连接，然后进行统一的客房设施智能化系统的控制和操作。

以酒店的客房门锁系统为例，未来的客房锁钥系统将开始应用无线射频识别（RFID）技术，通过自动分配和终止客房记录权限，简化客房钥匙管理程序。基于云技术的解决方案，客房管理信息系统可在顾客入住前就将客房入住信息发送给顾客，顾客无须在前台登记入住就可以凭编码进入酒店客房。酒店智能客房门锁对于顾客来说意味着更加愉悦的入住体验。

此外，还有先进的客房多媒体系统。客房多媒体系统与酒店客房管理信息系统相连，在顾客办理入住后进入客房时，电视会自动启动并在屏幕上显示问候信息。在房间里，顾客仅需一个遥控器，便能实现电视节目、酒店介绍、酒店服务、音乐助眠、管家服务、房间控制等功能的操作，系统终端无须维护，为顾客提供了更好的入住环境。

二、个性化

在酒店业竞争日趋激烈的今天，个性化服务已经成为酒店之间竞争获胜的有力措施，成为现代服务的大趋势，客房服务尤其如此。为顾客提供个性化服务，取得顾客的信任，客房部需要建立完善的客史档案，并根据顾客需求的变化不断调整客房服务的规程和标准。客房服务需要不断收集顾客的需求和偏好并将这些偏好和需求记录到信息系统中，下次顾客入住时，就能够针对顾客的喜好提供个性化服务了。

例如，提供夜床服务的酒店要能够保证为顾客整理床，摆放顾客喜爱的水果、茶等物品。

三、交互性

近几年来，平板电脑和智能手机逐渐流行，这些移动终端的应用对客房服务来说意义非同凡响。

例如，顾客可以通过手机直接预订客房送餐服务、洗衣服务等。酒店的住店顾客还可以通过自己的移动设备，参与并控制客房设备，包括控温器、电视、客房门锁、音响系统等。顾客的终端设备能够与房间内的设备实现交互，将极大地提升顾客入住酒店的体验。

 知识拓展

希尔顿酒店集团推出智能客房

希尔顿酒店集团（Hilton Worldwide）的智能客房（Connected Room）于 2017 年年底面世。Connected Room 首先在美国南方孟菲斯的 Hilton Garden Inn 酒店上线，并在接下来数周内推广到其他七家酒店。希尔顿酒店集团的高级副总裁 Joshua Solser 表示，如果一切顺利，

Connected Room 会大规模推广到集团旗下的更多酒店。

入住 Connected Room 的游客可以通过希尔顿酒店集团的移动端应用 Hilton Honors 来控制房内的各种智能设备，目前的功能包括控制室内的温度和光照、选择电视和直播的内容。希尔顿酒店集团还将增加更多功能，包括声控系统和上传艺术作品和照片作为室内装饰等。

游客还可以用移动终端修改自己的个人偏好列表。Joshua Solser 表示，在 Connected Room 推广到更多酒店之后，游客在入住酒店时，酒店就会根据他们的个人偏好列表，对房间内的设施进行相应的调整。比如，某位游客喜欢房间内比较凉爽，那么在他进入房间之后，Connected Room 就会开始自动降低室内的温度。

除了游客以外，希尔顿酒店集团也将利用 Connected Room，根据室内是否有人入住等情况，对客房内的设施进行相应调整，从而达到节约能源等目的，并从移动终端应用收集信息，更好地了解顾客的需求，提供更加个性化的入住体验。

Hilton Honors 在 2014 年推出，游客可以使用这款应用来代替客房的钥匙。作为 Connected Room 及其相关新技术应用的数字化平台，Hilton Honors 已经用于希尔顿酒店集团旗下超过 2/3 的酒店，并会推广到其余的全部酒店。

The Connected Room 也是希尔顿在总部设立的 Innovation Gallery 孵化器的项目之一。该孵化器包括了各种创新型科技产品，比如适用于多种语言的实时自动翻译装置等。

课后习题

1. 简述客房管理信息系统的含义。
2. 简述客房管理信息系统的特点，并举出例子。
3. 简述客房管理信息系统的功能。
4. 请画出客房管理系统的数据流程图并分析。
5. 请列举酒店客房信息系统中的主要房态并解释。
6. 酒店客房管理信息系统主要处理哪些酒店业务？
7. 结合实际，谈谈酒店客房管理信息系统的发展趋势。

案例分析

亲子主题酒店营销策略

亲子市场已经成为酒店非常重要的一个业绩增长点。酒店的受众是父母与孩子两类人群，由于父母多以孩子的想法选择酒店，因此主题酒店设计主要是考虑如何更好地获得孩子的喜爱。亲子主题酒店客房的布置装饰以卡通的元素为主，迎合了大多数儿童的品位，也可以带给成年顾客回归童年的感觉，唤起久违的童心。

2016 年 8 月 6 日，海南首家亲子主题度假酒店在三亚湾红树林度假世界开业——"棕榈王国"亲子主题酒店，它集合了棕榈仙子、魔法小画家、熊猫侠、赛车手、小公主等五大主题房型。适合儿童阅读的绘本、游戏区域、丛林水上乐园，打造出三亚亲子游的一站式度假目的地。该酒店的五大主题房型，采用国际认证的环保材料精心打造，房间里的家具、布艺、寝具、墙绘、装饰品以及系列儿童用品等，均按照五大主题风格独家设计定制，为孩子提供一个安全舒适的童话奇幻世界。"棕榈王国"亲子主题酒店不仅在客房内均设置了亲子客厅和游戏区域，可以为孩子提供较多的娱乐空间，客房还毗邻亚马孙丛林水乐园、探险王国、骑士部落儿童餐厅，让孩子全景享受亲子度假的乐趣。

思考题：

1. 结合本案例，谈谈酒店客房客源需求细分（个性化服务）的原因和意义。

2. 结合本案例，谈谈亲子型酒店的竞争优势有哪些。

第六章 酒店餐饮管理信息系统

📖 **学习目标**

1. 理解酒店餐饮管理信息系统的基本内容
2. 掌握酒店餐饮管理信息系统的功能
3. 分析酒店餐饮管理信息系统的发展趋势

👨‍🏫 **学习重点**

1. 酒店餐饮管理信息系统的内容
2. 酒店餐饮管理信息系统的特点

👤 **学习难点**

1. 酒店餐饮管理信息系统的功能
2. 酒店餐饮管理信息系统的发展趋势

第一节　酒店餐饮管理信息系统概述

经过多年的发展餐饮管理已经逐渐由定性管理进入重视定量管理的科学阶段。成熟的餐饮管理信息系统除了菜品信息、点餐信息、收银操作，还包括销售信息、劳动力成本信息等，这些信息可以帮助酒店餐饮管理者实施成本核算和控制，以及提高不变成本的使用效率。

随着信息化时代的日益成熟，科技的不断进步以及经营理念的发展，越来越多的酒店餐饮业开始思考跳出传统框架，以提升顾客体验，增强自身竞争力，并对餐厅装修风格、菜式的多样化、点餐方式的便利性、高科技程度越来越注重。

在酒店中，传统的点餐方式有一套流程，就是由服务员手拿纸质菜单，顾客报出所选菜名，服务员记录。这种方式容易造成顾客抱怨上菜速度慢、结账慢，有时甚至出现错上菜、漏上菜的现象。服务员为点菜、送单、催菜来回奔走，也会影响顾客的用餐情绪。渐渐地，店家用手持终端代替已有的手写账单，这样，服务员的工作效率得到了很大的提高，同时也提升了餐厅的档次。现如今，顾客可以直接下载顾客端，通过线上团购来预订自己所需要的菜品。智能点餐系统可以满足消费者日益增长的饮食文化需求，并且能够帮助商家从容应对互联网带来的挑战，获取更多的商机，创造更多的商业价值。

例如，某酒店餐饮部是酒店内最重要的一个部门，它具备对外为顾客提供餐饮服务的能力，是一家高档的商务型餐饮店。目前餐饮部员工有上百人，提供菜品多达 300 余种，日营业额平均超过 13 万元，最高日营业额达到 40 万余元，它可提供给信息化升级金额为 3 万~5 万元。如此大规模的餐饮店，拥有一套完善的餐饮管理信息系统是非常必要的，酒店餐饮管理信息系统三要素如图 6-1 所示。

图 6-1　酒店餐饮管理信息系统三要素

一、菜品信息管理

菜品管理是餐饮管理系统最基本的信息，主要包括菜品基本信息、菜品编码信息、菜品部门信息、套餐信息等。

菜品基本信息包括菜品的类别（如主菜、汤品、甜品等）、价格、折扣等。除了基本信息，管理者还可以设置"自定义"对菜品进行编码和改码，如菜品的配料等。菜品部门是指菜品与各部门间的对应关系，如有的酒店中餐厅只提供中餐菜品，西餐厅只提供西餐菜品。套餐信息是指酒店为了取得长期用户并实现利益最大化采用的一种销售形式，便于实现销售统计和成本核算。

二、销售信息管理

餐饮销售信息系统存储和维护与餐厅业务相关的数据，是指将菜品信息与菜品销售进行关联。销售信息管理主要是对餐厅当日的营业额、开桌数、用餐人数、人均消费、消费时段、营业区域销售额等多方面的信息进行整理、统计和分析，并生成相对应的数据报表。一方面，销售管理者可通过销售数据报表改良菜品口味、调整菜品价格、推出特色菜肴、改善就餐环境等，进而提升顾客的用餐满意度；另一方面，通过销售数据报表的分析，销售管理者可以加强采购、库存、粗加工和烹饪等各环节的成本控制，进而降低产品成本，增加企业利润。

三、成本信息管理

成本始终是餐饮管理的核心内容，可变成本在餐饮成本中占主要部分。餐饮成本控制的核心是对餐饮原料的管理和控制。例如，后厨为每道菜品制定主要原料的标准用量，在设置菜谱时把每道菜品的主要原料按标准用量进行登记。这样系统就能根据每天销售的菜品对消耗的原料按标准用量进行统计，虽然这个统计与实际消耗可能有出入，但管理人员能根据这个数字来衡量、约束厨房（或采购）的工作，从而达到控制成本的目的。酒店进行成本信息管理，至少能降低 5% 的原料消耗，多数能降低 10%~15% 的原料消耗。

第二节　酒店餐饮管理信息系统的作用

一、提升酒店形象

餐饮服务业已开始运用 IT 技术手段来提高自动化管理与信息化服务水平，餐饮管理信息系统应用屡见不鲜。

例如，很多酒店将传统印刷纸质菜谱升级为电子触摸滑屏式的电子菜谱，不仅界面简洁直观，图文并茂，而且每个菜品均配有完整的图片和详细说明，方便顾客了解菜品的做法、口味、用料、营养及菜品的典故等信息，这大大提高了餐饮服务形象，对消费者也更有吸引力。

二、提高运作效率

餐厅的电子菜谱可随时促销变价，并根据时令节气随时调整菜品，增加新品，提升营业效率。

结账时，顾客所点菜品都已经输入系统，只需要与顾客核对账单后，即可结账，这大大提高了结账的速度。

厨房和餐厅前台一般距离较远，沟通非常不方便。系统还能够根据不同厨房的出品任务，将不同的落单发送到不同的厨房，从而使厨房能更早、更清楚地知道各出品的下单时间，可以避免某单被长时间搁置不出导致顾客催的情况。

三、降低运营成本

餐厅采用信息化管理后，从顾客订餐、点菜到厨房、顾客就餐、结账等所有环节都由计算机辅助控制、网络传输，人工的工作量将大为减少，极大地减少服务员的数量。

电子菜谱的应用更是可随时更新，发现问题随时调整，能够节省大量管理人力和物力。以电子菜谱的质保周期计算，应用电子菜谱的总支出，远远低于应用普通纸质菜谱的成本，大量节省了更换纸质菜谱的费用。

四、优化服务品质

服务员可以通过餐饮管理信息系统了解酒店当前的空位情况和预约情况。

点菜员可以提供图文并茂的电子点菜系统。通过电子点菜系统，顾客可以详细查阅某道菜的材料、制作方法等，避免服务员无法提供菜品详细介绍的问题。楼面服务员通过餐饮管理信息系统可以及时查询到顾客的就餐时间、上菜情况，从而根据各桌顾客的状态提供更好的服务。

五、提高管理水平

通过设置系统权限，不同的人员能够操作自己负责的部分的流程，可以大大减少作弊行为和人为差错的发生，这能够帮助酒店提升餐饮管理水平。

第三节　酒店餐饮管理信息系统的功能

Micros 是一家针对餐馆和酒店的销售点硬件和软件等产品供应商，它的总部设在美国马里兰州哥伦比亚特区。Micros Systems 主要向酒店、餐饮、专业零售市场和其他类似市场销售软件、硬件产品及服务，它的主要产品包括一个完全可扩展的基于云的 POS 管理解决方案 Micros Simphony，以及一个基于云的 Micros e-business Suite 电子商务套件，包括网上申报引擎、劳动力管理、本地商店库存管理、网上预订、礼品卡和顾客忠诚度管理等模块。

Micros Systems 所提供的应用包含了 POS、物业管理、中央系统、商业智慧、电子商务、CRM、分散式订单管理、员工管理、库存管理、商品规划等。它拥有全球 567 000 家饭店、餐饮、休闲娱乐、邮轮及旅行社等合作伙伴。

一、开单及点菜功能

（一）报到进入系统

1. 无考勤系统报到方法

1）将员工卡放入收款机右侧的读卡器内，由上往下拉卡。当收款机右上方提示信息栏内显示"Ready For Your Next Entry"便是已成功实行了进入系统（Sign In To System），Micros Systems 的登录界面如图 6-2 所示。

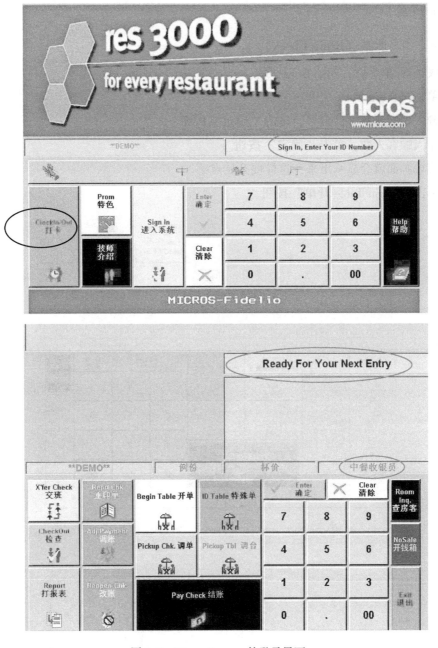

图 6-2 Micros Systems 的登录界面

2）若无员工卡则手工输入员工密码，再按"进入系统"键。

2. 考勤系统报到方法

1）上班时，按"打卡上/下班"键，在读卡器内刷员工卡或手工输入员工密码，确认分配的工种后，领取打卡上班凭证，再刷卡进入系统。

2）下班时操作同上。

(二) 开单

1. 普通账单开单 (Begin Check)

普通账单开单步骤, 如图 6-3 所示。

1) 单击 "Begin Table 开单" 按钮。

2) 输入顾客所就座的桌号, 单击 "确定" 按钮。

3) 输入顾客人数, 单击 "确定" 按钮。

4) 菜单画面就会显示出来, 这样便开始点菜。

5) 单击 "Begin Table 开单" 按钮。

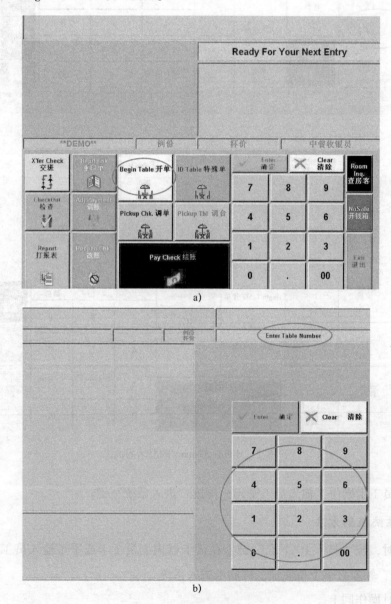

图 6-3 普通账单开单步骤

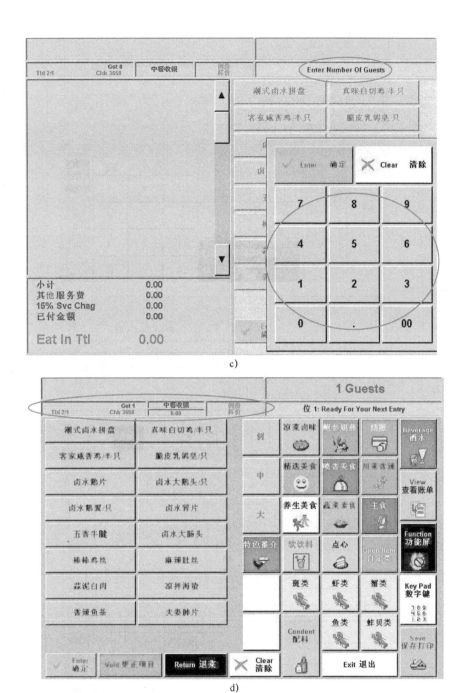

图 6-3 普通账单开单步骤（续）

2. 有姓名标识账单开单

有姓名标识账单开单步骤，如图 6-4 所示。

1）单击"ID Table 特殊单"按钮。

2）输入顾客姓名或顾客卡号，单击"确定"按钮。

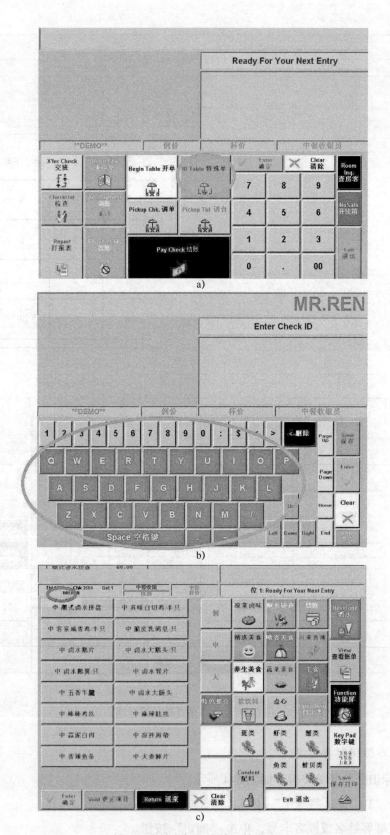

图 6-4 有姓名标识账单开单步骤

3）输入顾客所就座的桌号，单击"确定"按钮（后续步骤同普通账单开单步骤）。

4）输入顾客人数，单击"确定"按钮。

5）菜单画面就会显示出来，这样便开始点菜。

（三）点菜

1. 预先设置的普通菜品点菜

直接单击点菜（Ring Up The Order）画面上的类别组按钮（SLU 按钮），然后在显示出来的菜单中单击要点的菜品即可，每单击一次就等于输入了一份该菜品。

例如：预先设置的"卤水鹅翼"这道菜的输入点菜操作流程如图 6-5 所示。单击【凉菜卤味】类 SLU 按钮，所有属于该 SLU 的项目便会显示出来，选中【卤水鹅翼】按钮单击一下即可。

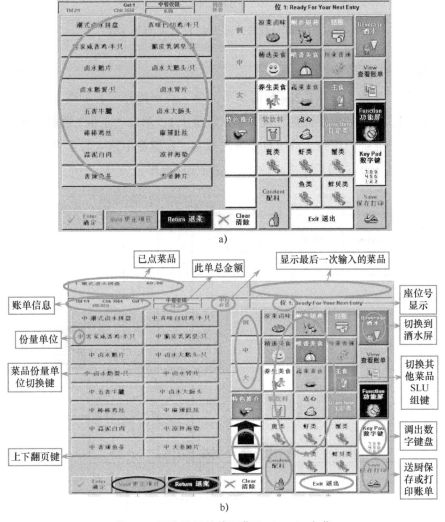

图 6-5　预先设置的普通菜品（SLU）点菜

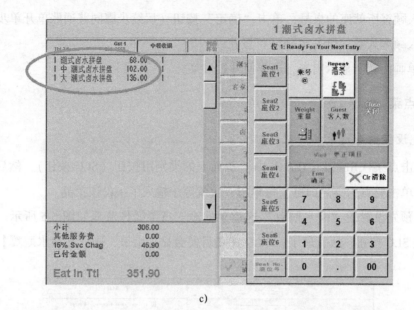

c)

图 6-5　预先设置的普通菜品（SLU）点菜（续）

2. 需要称重的海鲜及时价菜品点菜

例如：时价"澳洲龙虾"1.2kg 的海鲜菜品输入点菜操作流程如图 6-6 所示。首先找到：【澳洲龙虾】，单击"数字键盘"键，输入重量 1.2，单击"重量"按钮，单击"关闭"按钮，单击【澳洲龙虾】按钮，系统自动弹出数字，在键盘中输入每千克龙虾的单价（如 100 元/kg，则输入 100），最后单击"确定"按钮完成操作。

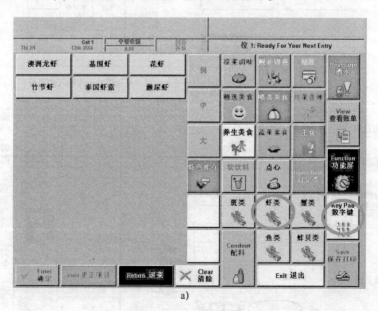

a)

图 6-6　需要称重的海鲜及时价菜品点菜

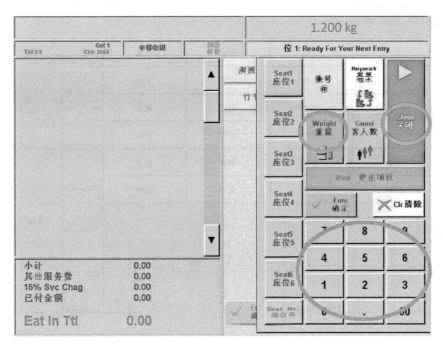

b)

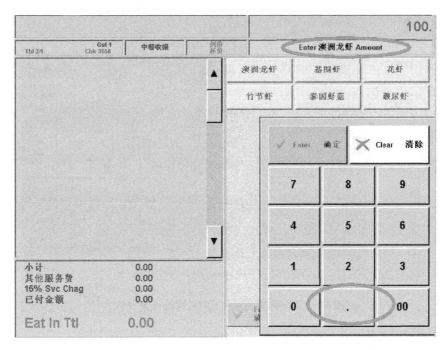

c)

图 6-6 需要称重的海鲜及时价菜品点菜(续)

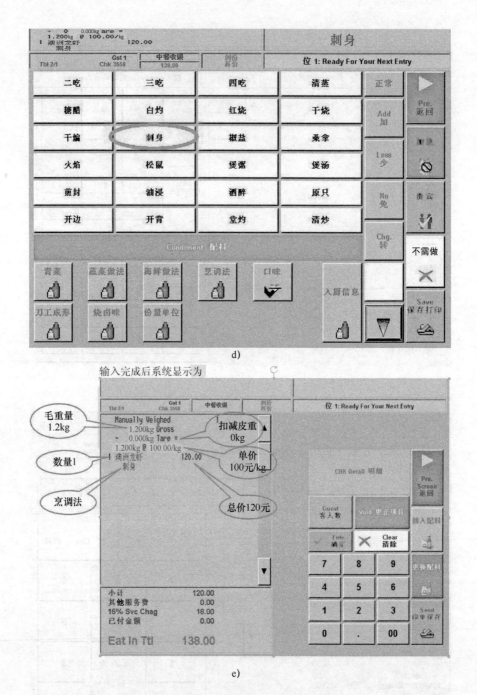

图 6-6　需要称重的海鲜及时价菜品点菜（续）

3. 点菜的相关操作

（1）自定义菜品的输入　此功能用于输入顾客所点的菜品未预置于系统中，或顾客所点菜品为餐厅所提供的菜牌之外的菜品。

具体操作步骤为：单击"自定义食品"按钮，然后在自动弹出的英文键盘内输入该菜品名称，并单击"确定"按钮，最后在接着弹出的数字键盘内输入该菜品的价格，并单击"确定"按钮完成操作。

（2）带有烹调方法的菜品操作 有一些菜品，系统会指定要求输入烹调信息，例如牛扒。当单击【Sirloin Steak】按钮后，系统会自动跳出预先设置好要求必须输入的配料信息，操作员依次按提示要求输入配料信息（如 Meat Temperature、Sauce、Side Dish 等信息）。

如果对以上各项配料信息无要求可依次单击"Skip"按钮跳过输入，如果顾客所要求的信息未列在系统预先设置的配料信息里，就单击"See Server"后口头通知厨房顾客的具体要求。

（3）输入限量销售的菜品 在系统中有一些菜品是属于限量销售的（如特价菜），这些菜品事先已由经理预设了当天所能销售的数量，并且在这些菜品的右上角会自动以红色数字显示出所能销售的数量。每销售一个该菜品，该数字就会自动递减一个，直至售完，该菜品上就会自动出项红色叉子，并且该菜品自动处于不可销售状态。

（4）输入 VIP 账单及加急账单（此功能仅限于含有厨房打印或厨房显示 KDS 系统） 本系统支持在厨房打印机及厨房显示系统上自动打印或显示 VIP（贵宾）单及 Rush Order（加急）单标记，用于提示厨房及传菜部人员慎重对待此单。此系统的操作方法为：在完成了本单点菜送厨前，单击"VIP Check"（贵宾单）按钮或"Rush Order"（加急单）按钮，当屏幕右上角出现"VIP Check"或"Rush Order"字样后，再单击"送厨"按钮。

（5）插入配料信息 此功能用于插入忘记输入的配料信息，具体操作为：选中需输入配料信息的菜品，单击"插入配料"按钮，此时看到屏幕右上角显示"Insert"字样后，到【配料】屏幕输入所需配料信息，输入完成后单击"Clear"（清除）按钮取消插入状态，操作流程如图 6-7 所示。

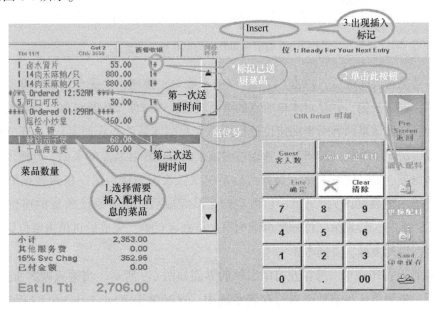

图 6-7 插入忘记输入的配料信息的操作流程

（6）更改配料信息　此功能用于修改当时输入错误的配料信息，具体操作为：选中需要修改的错误配料信息，单击【更换配料】按钮，当屏幕右上角显示"Change"字样后，屏幕会自动切换到此类配料信息所在的屏幕（针对西餐预置烹调方法的菜品）或到【配料】屏（针对中餐或未预置烹调法的菜品），最后输入正确的配料信息。

（7）更正本轮未送厨或未保存前输入的错误菜品　选中需要更正的菜品（选中菜品以高光形式显示，可一次选择多个不同菜品），然后单击"Void"（更正项目）按钮，所有选中的菜品均会从本单中消失。如果顾客设定该操作需要高一级授权才可以完成，系统会首先显示需要授权，当得到正确有效的授权后，所有选中菜品才会从本单中取消。

（8）查看账单及座位菜品点单调整　有厨房打印或厨房显示 KDS 系统的用户可以应用此功能，如图 6-8 所示。

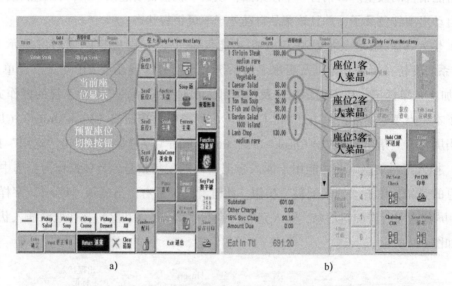

a)　　　　　　　　　　b)

图 6-8　查看账单及座位菜品点单调整

当本单菜品输入完成后，单击"View"（查看账单）按钮，系统会切换屏幕，以最大显示方式显示在屏幕左侧，并显示本单所点的菜品项目，以方便操作员核对。西餐点单的操作模式通常为，依照该桌顾客所坐的座位进行点单（视顾客最终要求而定），这样就可以通过厨房打印或厨房显示系统（KDS）清晰地指明该桌的每位顾客所点的菜品，方便传菜部和服务员为顾客服务，提高服务水平。当开台后系统默认状态为该台第一位顾客点单（座位号显示于系统提示信息框内），当第一位顾客的菜品完成后，单击系统预置的座位切换按钮"Seat 2"（位置2），转到第二位顾客继续为第二位顾客点单，完成后再单击座位切换按钮到下一位顾客。以此类推，直到本单完成。

（9）保存及打印账单　保存及打印账单的界面如图 6-9 所示。当输入顾客所点的菜品，检查无误后，就要将这些菜品送厨保存到系统中，这时单击"Send Order"（保存）按钮，可以根据具体需要将这轮所点菜品保存到系统中去。

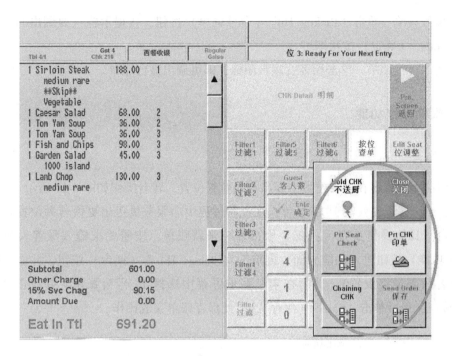

图 6-9　保存及打印账单的界面

（四）调单

此功能用于调出该台顾客账单、检查、增加或修改菜品项目、打印顾客账单等。本系统支持以下三种形式的调单，如图 6-10 所示。操作员应结合实际情况及顾客最终设置选择使用 ASLU 调单。单击 "Pickup Chk."（调单）按钮后屏幕出现如下显示（注：如单击该按钮，屏幕只出现 "No Open Check" 则表示你的全部账单已经结账完毕，没有未结账单）：

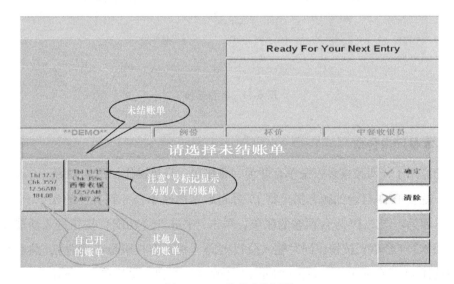

图 6-10　三种形式的调单

（1）桌号调单　单击"Pickup Tbl"（台号调单）按钮，按提示输入要调出的台号，然后单击"Enter"（确定）按钮即可。

（2）图形直接调单　单击顾客就座台图标，即可调出该台账单。

二、账单操作功能

（一）转台

此功能应用于顾客在进餐过程中提出更换就餐位置，转台操作如图6-11所示。

例如：A顾客原先就座于17号台，在进餐过程中向服务员提出更换就餐位置到靠近窗边的5号台。具体操作步骤为：在5号台开一张新账单，按照要求输入顾客人数，单击"Fun."（功能）按钮进入功能界面，再单击"Change Tbl."（换台）按钮，并输入授权密码（视顾客权限最终设置），然后在未结账单屏幕中选择17号台账单，并单击"Enter"（确定）按钮，最后单击"Save"（保存），至此保存账单完成操作。

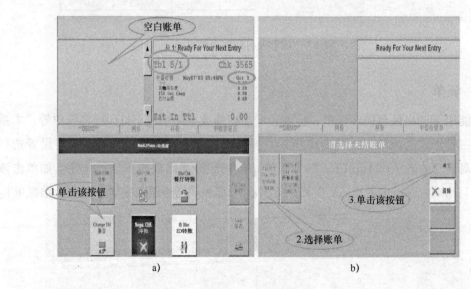

图6-11　转台操作

（二）本餐厅内合单

此功能应用于将两张或多张账单合并为一张账单，合单操作如图6-12所示。

例如：就餐于11号台的顾客提出将17号台顾客的账单合并到自己的账单上一起付账。具体操作步骤为：调出17号台顾客的账单，单击"Fun."（功能）按钮进入功能界面，单击"Add CHK"（合单）按钮，同时输入授权密码（视顾客权限最终设置），然后在未结账单屏幕中选择11号台账单，并单击"Enter"（确定）按钮，最后单击"Save"（保存），保存账单完成操作。

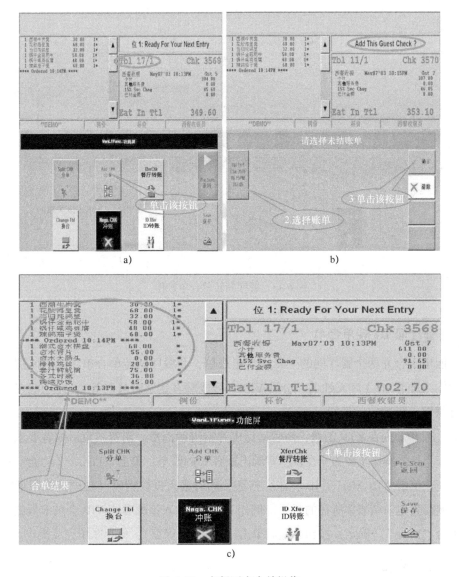

图 6-12　本餐厅内合单操作

（三）餐厅间转单合单

此功能用于合并两个餐厅间的一张或多张账单，合单操作如图 6-13 所示。

例如：顾客 B 于酒吧消费后未结账，而后又到中餐厅继续消费，消费结束后顾客 B 要求在中餐厅一次性结账。具体操作步骤为：在中餐厅调出顾客 B 的消费账单，单击 "Fun."（功能）按钮进入功能界面，并单击 "Xfer CHK"（餐厅转账）按钮，同时输入授权密码（视顾客权限最终设置），然后选择顾客 B 其他未结账单所在的餐厅（例如酒吧等），输入该未结账单的账单号后，单击 "Enter"（确定）按钮，最后单击 "Save"（保存），保存账单完成操作。

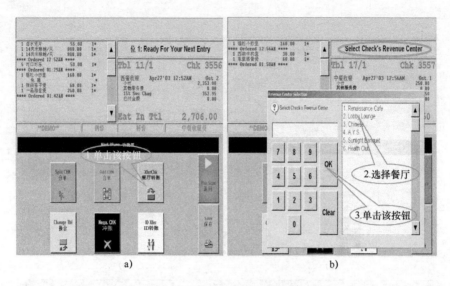

图 6-13　餐厅间转单合单操作

（四）餐厅间 ID 转单合单

此功能用于合并两个餐厅间的一张或多张账单，和餐厅间转单合单功能的区别为，在转账时提示输入顾客 ID（客人姓名、会员 VIP 卡号或顾客钥匙牌号码等），此功能多用于高级会所、健身馆、棋牌室等场所。

例如：顾客 C 先在 KTV 消费，而后又到棋牌室继续消费，消费结束后顾客要求在棋牌室一次性结账。具体操作步骤为：在棋牌室调出顾客 C 的账单，单击"Fun."（功能）按钮进入功能界面，并单击"ID Xfer"（ID 转账）按钮，同时输入授权密码（视顾客权限最终设置），然后选择顾客其他未结账单所在的餐厅（例如 KTV），输入该顾客的 VIP 会员卡号或钥匙牌号码后，单击"Enter"（确定）按钮，最后单击"Save"（保存），保存账单完成操作。

（五）输入折扣

系统设置的折扣分为"固定金额及百分比折扣"和"自定义金额及百分比折扣"，输入折扣操作界面如图 6-14 所示。

1. 输入固定金额及百分比折扣

这部分折扣是遵照顾客要求，由系统事先设定好的，只需直接单击预置的按钮即可（如某些折扣需输入授权密码，视顾客权限最终设置）。

2. 输入自定义金额及百分比折扣

这部分折扣是系统预置的开放式折扣，可适用于任何形式的需要。输入方法为：单击预置的"自定义金额折扣"或"自定义百分比折扣"按钮，并输入授权密码（视顾客权限最终设置），然后根据具体情况输入金额或百分比。例如，1：88 折，输入方法为单击 12，再单击"Enter"（确定）按钮。例如，2：25 元现金折扣，输入方法为单击"25."，再单击"Enter"（确定）按钮。

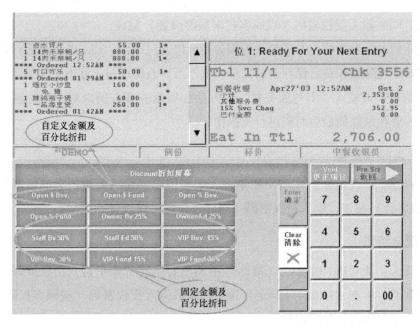

图 6-14　输入折扣操作界面

三、结账操作功能

常见的结账方式有现金、信用卡、微信、支付宝、宴请 ENT、工作餐 OC、挂账 C/L 等，选择界面如图 6-15 所示。

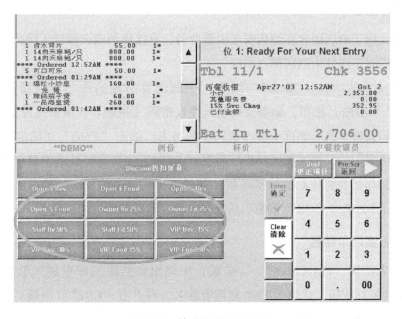

图 6-15　结账方式选择界面

(一) 免除服务费

从 "Pay Check"（结账）按钮中调出要结账的账单进入结账屏幕，单击 "No15% 免服务费" 按钮，同时输入授权密码（视顾客权限最终设置）完成。

注：在此单未保存之前，对于免除的服务费可以通过单击 "Clear"（清除）按钮直接再加回来。但对于免除服务费后保存过的账单，就不可以直接通过上述方法加回服务费了，可利用输入 "杂项" 或输入 "其他服务费" 的方法加回服务费。所以对于免除服务费的操作一定要慎重，要在结账的最后时刻进行此操作。

(二) 更改顾客数量

从 "Pay Check"（结账）中调出账单进入结账屏幕，输入要更改后的顾客数量，单击 "Guest"（顾客数）按钮，输入授权密码（视顾客权限最终设置）完成。

(三) 现金结账

操作步骤为：从 "Pay Check"（结账）中调出要结账的账单进入结账屏幕，输入顾客付款的现金数量，单击 "Enter"（确定）按钮，然后输入授权密码（视顾客权限最终设置）后，系统会自动打印出结账后账单。

若此时直接单击 "Cash"（现金）按钮，则系统自动认为顾客所付金额等于该账单应付金额；若输入顾客所付大于该账单应付金额，则系统自动显示应找赎金额，并将找赎金额打印于该账单上。例如，账单应付金额为 2706 元，如果顾客所付金额为 2750 元，那么输入 "2750."后，单击 "Cash"（现金）按钮，这时系统显示 "Change Due"（找零）44 元。

(四) 房客挂账

此结账方式用于酒店顾客在酒店餐厅内消费后，直接将消费金额计入该顾客的房间账单中，待顾客离店时一次性由酒店前台结账。

操作步骤为：从 "Pay Check"（结账）中调出要结账的账单进入结账屏幕，单击 "Room Charge"（房账）按钮，如需要则输入授权密码（视顾客权限最终设置），然后输入顾客的房间号码或在本机右侧读卡器内刷顾客的房卡，单击 "Enter"（确定）按钮（本功能视系统与酒店采用的门锁系统接口程序而定），这时系统会在屏幕之中显示该房客的姓名和详细资料，操作员需要核对账单签名后（如果该房间有两位顾客，就需要选择挂账到哪位顾客的账单上），单击 "OK" 按钮，系统会自动打印出结账后的账单。

(五) 酒店宴请单结账

操作步骤为：从 "Pay Check"（结账）中调出要结账的账单进入结账屏幕，单击 "CHK ID"（姓名）按钮，并输入 ENT 宴请者姓名，再点击 "ENT"（宴请）按钮，如需要则输入授权密码（视顾客权限最终设置），系统会将本账单自动冲减为零之后结账。

（六）国际信用卡结账

对于未采用 MICROS 系统与银行系统接口的顾客，使用信用卡的结算方法为：首先要将顾客的信用卡通过 EDC 手工向银行取得消费授权后，再用 MICROS 系统结算账单。对于已采用 MICROS 系统与银行系统接口的顾客，使用信用卡的结算会变得非常快捷、方便，只需要通过 MICROS 系统的工作站就可以自动完成银行授权和结算操作。

（七）国内信用卡结账

操作步骤为：从"Pay Check"（结账）中调出要结账的账单进入结账屏幕，单击"C. C. 信用卡"按钮到信用卡结账界面，选择单击相应的国内信用卡按钮，如需要则输入授权密码（视顾客权限最终设置），然后使用右侧读卡器进行刷信用卡的操作，这时系统将卡号、有效期打印在账单上（对读不出的受损的信用卡，可手工输入卡号及有效日期）并结账。

（八）公司挂账

此结账方式用于与酒店签订合同可以按一定周期进行一次性结账的公司顾客。操作步骤为：从"Pay Check"（结账）中调出要结账的账单进入结账屏幕，单击"City Ledgor"（公司挂账）按钮，如需要则输入授权密码（视顾客权限最终设置），然后输入挂账公司名称或账号，单击"Enter"（确定）按钮后，系统会自动打印出结账后的账单。

◎ 知识补充

餐饮结算流程如图 6-16 所示。

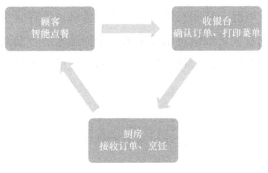

图 6-16　餐饮结算流程

第四节　酒店餐饮管理信息系统的发展趋势

一、开放性

酒店的餐饮部门不是一个独立的经营体，而是酒店经营的组成部分，需要系统化管理，包括软件上的系统化。

一开始，餐饮管理信息系统在酒店的应用，主要是预订、接待、点菜、收银等对顾客服务的应用。随着信息系统在酒店应用的逐步深入，餐饮信息系统的应用进入餐饮的后台管理，包括厨房分单打印、电子催菜、条码划菜等，它们的整体功能规划也需要系统化。这些系统化的需求使软件结构必须有开放性的特点，让餐饮软件随时随地可使用，随时随地可连接。这样餐饮的各个作业环节与餐饮管理信息系统将结合得更加紧密，更容易使用。

二、多样性

餐厅电子菜谱的出现，使系统终端呈现多种形式，以更便利的方式为消费者提供点菜服务。

这些终端设备与餐饮信息系统都能实现随时随地数据互通，极大地方便了消费者的点菜服务。通过电子菜谱，顾客点菜不必等待或是忍受总是出错的服务员，既简单又快捷。

随着智能终端的广泛应用，电子菜谱成为餐厅服务的常态，尤其是智能手机的普及，让顾客利用自己的手机就可以下载餐厅的电子菜单，点菜过程更加自如便利。

三、管控性

餐饮管理的最大瓶颈就是成本管控，餐厅利用软件实施过程管理可以有效实现餐饮经营的成本管控。

餐饮管理信息系统可以自动统计当日或者当月的菜品成本和应收情况，可以即时对菜品的利润率进行分析，做到成本及时核算和利润最大化。管控型餐饮系统可即时分析出畅销菜品、滞销菜品等餐饮运营情况，从而实施有效的物流管理、库存管理和收支管理，将餐饮管理制度和控制手段融合到餐饮管理信息系统中去，全面堵塞各种漏洞，降低运作成本，提高经营效益，全面为餐饮服务打造流程化、科学化、精细化的管控模式。

四、服务性

餐饮软件开始采用无线通信设备，通过服务型软件让消费者自己完成从查桌、点菜到结账的相关流程。

餐厅目前采用的点菜宝、PDA 手持无线点菜机等，是为了管理而设计的软件终端。

消费者还可以通过应用程序实现安全付款，选项包括借记卡和信用卡，实现敏捷的结账服务功能。

拓展阅读

餐饮智能化设备取代服务环节成未来趋势

随着房租、人工、原料等成本的不断上涨，餐饮业不得不想办法来节省开支，提高工作效率。"智慧餐饮"也正是顺着这根藤慢慢爬上来的，目的就是"节约用工数量、降低经营成本、提升管理绩效"。

"智慧餐厅"悄然兴起　指明餐饮业未来发展趋势

"智慧餐厅"是基于物联网和云计算技术为餐饮店量身打造的智能管理系统，通过顾客自主点餐系统、服务呼叫系统、后厨互动系统、前台收银系统、预订排号系统以及信息管理系统等可显著节约用工数量、降低经营成本、提升管理绩效。

目前，社会上很多餐饮企业都打出了"智慧"概念，以先进的互联网技术及智能化设备来取代服务环节。在这些餐饮店里，顾客只需用手机扫描店铺二维码，或下载店铺的App，在手机上就可以自主点菜、结账，甚至在就餐过程中也可以通过手机"叫"服务员来加水、送纸巾等。

不同的餐饮店，对"智慧"的理解与运用不尽相同，但是它们都将自己的做法看成"智慧餐厅"的布局。目前，社会上有很多餐饮智能软件开发商，餐饮企业也看到了O2O的趋势，开始注重线上市场，但是大部分餐饮企业只是将营销环节搬至线上。

切勿盲目　不是所有餐饮企业都适合智能化

尽管目前餐饮企业参与"智慧餐厅"的积极性并不是很高，快餐企业在做"智慧餐厅"方面有很大的可行性，主要是企业与顾客对店内服务都没有太高要求，而便捷高效是他们在乎的重点。因此，利用互联网技术与设备，让顾客自主点菜、取餐、支付，可以更快、更好地获得消费者的认可，这样餐饮企业才会拥有变革的动力。

发展之路问题多多

智能设备发展不足。餐饮智能模式是很好，但是前景不太乐观。

另外，很多餐厅的智能化都只是开设一个微信平台，推一个企业App，但是"智慧餐厅"是互联网技术与智能设备结合的产物，只有互联网技术，没有智能设备，也很难发挥互联网更大的作用。

"智慧餐厅"其实就是利用互联网技术与智能化设备来减少可取代的服务环节，让顾客自主服务，当然，这个过程一定要便捷。目前利用这些技术的餐饮店并不能称为真正的"智慧餐厅"，它们只是在利用互联网技术来实现某种功能，减少某些环节。

（资料来源：《当代生活报》）

课后习题

1. 查阅网络资料，列举1~3则酒店餐饮管理信息系统的实际应用案例。
2. 简述酒店餐饮管理信息系统的作用。
3. 简述酒店餐饮管理信息系统的功能。
4. 结合实际，谈谈酒店餐饮管理信息系统的发展趋势。

顾客个人资料

王先生在浙江某星级酒店餐厅就餐时，接待员章女士非常热情，为了更好地体现酒店对顾客的关注，章女士主动欢迎顾客："王先生好，欢迎您再次来我们餐厅用餐。您上次用餐时是三个月前的 5 月 8 日，在 808 包厢，请问，今天您在老地方用餐吗？"王先生满脸诧异："我已经快两年没来你们酒店了哦！"旁边的王太太沉思了一会儿，开始质问王先生："5 月 8 日你好像说过去北京出差，还去了一个多星期。怎么回事？你怎么在浙江？"随后，王太太愤怒离开。王先生非常生气，立马投诉，要求见总经理。

思考题：

试分析这件事发生的原因。酒店应该通过哪些方法来避免此类事件的发生？

第七章 酒店顾客关系管理信息系统

学习目标

1. 了解顾客关系管理的定义、顾客关系管理信息系统的作用
2. 理解顾客关系管理信息系统在酒店管理中的重要性
3. 掌握顾客关系管理信息系统在酒店管理中的应用

学习重点

1. 酒店顾客关系管理的概念
2. 酒店顾客关系管理信息系统的重要性
3. 酒店顾客关系管理信息系统的作用

学习难点

1. 酒店顾客关系管理信息系统的功能
2. 云计算的作用

第一节 酒店顾客关系管理

一、顾客关系管理的概念及顾客关系管理信息系统的重要性和作用

(一) 顾客关系管理的定义

顾客关系管理（Customer Relationship Management，CRM）是选择和管理有价值顾客及其关系的一种商业策略，同时也是一个集成软件，它要求以顾客为中心的商业哲学和酒店文化来支持有效的市场营销、销售、服务的流程，并最大限度地改善、提高整个顾客关系生命

周期的绩效。

（二）顾客关系管理信息系统的重要性

1）顾客关系管理信息系统能够协助酒店精简管理过程以节省人力，使酒店专注于日常业务。

2）顾客关系管理信息系统能够帮助酒店发现更多商机，达成更多交易，维护更多顾客并发展酒店的业务。

3）顾客关系管理信息系统储存顾客资料，酒店与顾客交谈的内容将始终保持私密，并且及时获取顾客与业务相关的最新信息。Salesforce 顾客报告显示，顾客关系管理信息系统帮助酒店等企业销售收入增加 37%，顾客满意度提高 45%，营销投资回报率上涨 43%。

（三）顾客关系管理信息系统的作用

1）主动追踪并管理顾客资料。

2）通过设备与团队其他成员连通，共同维护顾客关系。

3）智能捕获顾客的电子邮件，及时了解顾客的需求。

4）简化重复操作，让酒店能专注于顾客维护，捕捉商机。

5）即时提供关于维护顾客的专业见解和建议。

二、酒店顾客关系管理信息系统的内容

高度有效的顾客关系管理信息系统涵盖酒店与顾客进行沟通的所有方面，并增强酒店与顾客之间的互动，从销售到市场营销到顾客服务：让酒店与现有的顾客关系变得更加稳固，而与新顾客的关系则有更加快速的进展，满足所有业务成功的核心要求。它的主要内容包括：

（1）销售管理与销售自动化　销售管理与销售自动化系统提供商机管理、销售跟踪、销售预测等功能，避免软件难题。

（2）云计算服务平台　云平台为在线 CRM 提供强大支持的技术，也是构建和部署其他企业应用程序的最快方式。

（3）SFA（销售能力自动化）　它是 CRM 系统的一个业务组件，是企业销售管理的基本工具。

（4）顾客关系管理　云计算让酒店通过网络以按需、易扩展的方式获得服务，免除软件购买、部署和维护的困扰和费用，降低成本。

（5）顾客服务管理与呼叫中心解决方案　顾客服务和支持解决方案可以加强呼叫中心管理和顾客自助服务等。

（6）云计算应用　通过云计算应用程序及云平台，无须进行复杂设置或安装软件及硬

件，即可快速启用。

（7）售后服务管理 Salesfroce 软件　Salesforce 公司是创建于 1993 年 3 月的一家顾客关系管理软件服务公司，可提供按需定制的软件服务，用户每个月需要支付类似租金的费用来使用网站上的各种服务，这些服务使酒店无须拥有自己的软件，也无须花大量资金和人力用于记录的维护、储存和管理，同时可根据需要增加功能，真正实现按需使用。Salesforce CRM 为售后服务管理提供解决方案，降低成本，确保在所有接触点上提供一致的售后服务管理。

（8）云计算　云计算即通过互联网以及数据处理技术，让访问者可以从云端访问各种应用程序和服务，也可以在云端安全存储顾客的数据。

（9）酒店内部协作与协同办公　通过与内部工作人员安全实时地保持联系，共享信息，帮助酒店提高协同办公的效率。

（10）网络社交型酒店解决方案　在业务活动中建立网络社交环境并进行业务转型，以适应新的网络社交现实环境。

第二节　酒店顾客关系管理信息系统的功能

一、销售功能

酒店利用顾客销售管理系统能更快发掘顾客、拓展业务、完成交易。它包括以下内容：利用 AI 技术支持的销售管理工具推进交易进程，利用易构建的应用程序简化顾客的日常工作管理功能，为新一代内部销售管理代表提供助力，为每位顾客打造个性化的销售策略，快速而准确地完成从成交到收款的过程。

二、服务功能

顾客服务解决方案从呼叫中心软件延伸到自助服务门户，通过更快、更直观、更灵活的功能技术支持来预测顾客需求，进而改善对顾客的服务。

它包括 Sales Service Cloud（销售云服务）和 Field Service Lightning（现场服务）。

Sales Service Cloud 的作用有：全面了解顾客情况，更快速、更可靠地解决个案；通过颇具吸引力的门户和社区为顾客提供支持；通过消息、聊天和社交媒体等数字渠道交付个性化支持；改善办公室和现场的首次访问解决率和现场管理等；利用由人工智能提供支持的聊天机器人和解决方案，扩大支持规模并提升客服人员的工作效率。

Field Service Lightning（现场服务）的作用有：更快地解决服务问题，大幅提升现场员工的工作效率，自动安排预约，管理代理、调度员及技术人员，获得所有操作的实时可见性，优化服务人员的移动式服务方式，每一步都保证顾客可以掌握最新信息。

三、市场营销功能

顾客关系管理信息系统通过云平台获取顾客数据，充分利用每次顾客互动，打造个性化、跨渠道的顾客之旅。通过电子邮件、移动、社交、广告、网络等不同的营销平台渠道传递卓越的顾客体验。

市场营销功能包括：了解顾客，参与整个历程，管理 B2C 或 B2B，通过智能方案实现个性化服务。

四、社区功能

顾客关系管理信息系统充分利用社交和移动的力量，借助云端应用产品打造内容丰富、参与性强的在线社区，建立更深层的顾客关系，同时通过社区提升员工工作效率和促进员工创新，并且让经销商、合作伙伴和分销商能够更快地完成交易。它包括 Community Cloud（云社区）和 Chatter（畅聊沟通）。

Community Cloud 的作用包括：快速推出门户、论坛和网站；通过模板入手，设置数字化体验；借助合作伙伴加速；加快发布速度；打造移动体验；轻松实现品牌的个性和界面的美观性。

Chatter 的作用包括：提高优质团队协作的生产效率，加速优质团队协作创新，实现优质团队协作工具的知识共享，随时随地在团队协作工具上进行操作。

五、分析功能

分析功能能够转变酒店收集、分析和分发顾客信息的方式，将多个来源的数据统一到单个视图中，让顾客能够更快速地获得答案，并且采取即时行动。

六、物联网功能

物联网功能通过云平台将物联网与最重要的顾客数据连接，主动与顾客互动，以便采取更有意义的实时行动。借助云平台上的应用程序，可连接任何设备、传感器、产品、网站和事件数据流。

第三节　酒店顾客关系管理信息系统的发展趋势

随着科学技术的不断发展，酒店行业在近些年来呈现迅猛发展的趋势，为了提高顾客的满意度，进而实现企业的经营目标，酒店顾客关系管理信息系统的建设成为现代酒店电子化、智能化经营的需要。酒店顾客关系管理信息系统将会向云计算管理方式、操作便捷性，以及增强酒店与顾客的互动等方面进一步发展。

一、云计算管理

简单来说，云就是互联网连接的另一端，顾客可以从云端访问各种应用程序和服务，也可以在云端安全存储数据。

云计算有以下几个作用：第一，云端可以有效扩容至无限大，因此顾客无须担心云容量不够用；第二，可以通过云计算技术随时随地访问基于"云"的各种应用程序和服务，而顾客只需要一台可以连接互联网的设备即可；第三，云端应用随时随地可供使用的特性让移动办公变得更加容易实现。

二、操作便利性

在顾客关系管理信息系统中，数据库为其核心所在，因此，该系统在分享和存储这些数据的过程中为使用者带来了很大的帮助。在酒店行业的经营发展中，有很多基础部门能够同顾客产生关系。在整合各个部门的顾客信息时，Salesforce 顾客关系管理信息系统作为一个整体的解决对策是能够有效完成此项工作的，进而提升酒店的整体效率。

此外，Salesforce 顾客关系管理信息系统有类似微博的社交界面，用以记录对顾客的维护和跟踪进展。其他跟进此人的同事，可以看到其分享的最新状态、文件，并可做评论，还有点赞功能。

三、增强酒店与顾客的互动性

在酒店经营过程中，前台人员会直接与顾客接触，或者由他们负责接待顾客；客房部服务人员能够随时满足顾客的各种住房需求；餐饮的相关服务人员，应该将点菜、上菜及用餐过程中的贴心服务毫无保留地为顾客们提供出来。那么，怎样能够按照顾客在酒店消费中的种种需求将相应的服务提供出来呢？进而令顾客感到满意，这是酒店经营管理人员在实际工作中需要认真考虑的内容。

从客观的角度出发进行分析，Salesforce 顾客关系管理信息系统通过酒店在实际工作中不断积累的大量顾客信息，能够更加深刻地了解顾客的爱好、习惯、需求，这样就能够将顾客的个性化需求和期望非常准确地判断出来。此外，在顾客关系管理信息系统所给出的数据的基础上，对顾客的种种需求从多种角度进行综合分析，如此一来，酒店的经营管理人员就可以根据实际情况，制定新的服务守则，进而将顾客对服务项目的满意度充分提升上来。

Salesforce 顾客关系管理信息系统除了基本的 CRM 资料的存储、维护和跟进，以及销售活动的把控与分析外，更强调团队合作与讨论的重要性，对任何一条线索、一个联系人、一个市场活动、一个顾客都可以进行话题式的讨论和评论、发起投票，参与性更好，把顾客关系与业务管理平台变成了一个社交平台。

课后习题

1. 顾客关系管理的定义是什么？
2. 酒店为什么需要管理顾客关系？
3. 顾客关系管理信息系统的作用有哪些？
4. 顾客关系管理信息系统有什么优势？
5. 顾客关系管理信息系统有哪些功能？
6. 酒店顾客关系管理信息系统的发展趋势如何
7. 简述云计算管理与传统酒店管理的不同。

 知识补充

云计算的历史

互联网始于20世纪60年代，但直到20世纪90年代初，才应用于各个企业。1991年，万维网诞生；1993年，Mosaic网络浏览器发布，用户可通过该浏览器浏览图文并茂的网页。这也预示着第一批公司网站的来临，毫不意外，拥有网站的公司大多数属于计算机与技术领域。

随着互联网连接更加快速可靠，一种新型公司开始出现，被称为应用程序服务提供商或ASP。ASP为顾客管理并运行现有的商务应用程序。ASP需要购买计算机硬件并保持应用程序的正常运行，而顾客需要按月支付费用，以便通过互联网进行访问。这是云计算服务的雏形。

直到20世纪90年代末，我们今天所熟知的云计算才真正出现在大众视野。Salesforce.com正是在那时推出了专门为多租户设计的应用程序：

- 在"云端"运行。
- 在网络浏览器上通过互联网访问。
- 供大量顾客以低成本同时使用。

从那时起，云计算服务的规模越来越大：2013年，全球云服务费用约470亿美元。2017年，由于各家公司争相投资云服务，期望为有竞争力的全新产品打造坚实的基础，云服务费用达到1080亿美元，是2013年云服务费用的两倍多。

 知识拓展

云计算的运作模式

借助云平台使用云应用程序，只需打开浏览器并登录，即可开始工作。

使用云计算意味着现场销售人员可借助云平台使用云端销售软件 CRM，通过移动设备获取所需要的全部信息。联系人备注可以实时更新，确保系统始终呈现最新的联系人信息供他人使用。销售人员无须等到返回办公室才输入信息，避免等待时间过长。另外，销售经理在办公室时可借助台式机准确了解交易信息，而在外出时可以通过平板电脑或手机知道哪些交易将在何时达成。可以说有了云计算应用的助力，销售团队可以出色地完成销售工作。

要拥有功能如此强大的云端 CRM，顾客无须购买和管理任何硬件，或安装及更新任何软件。顾客所需要的硬件及软件全部由运行应用程序的云计算公司负责，而顾客只需要通过互联网即可从云平台获得这些应用程序并使用其强大的功能。Salesforce 拥有多年云基础架构管理经验，云计算技术处于行业领先地位，能够确保提供安全可靠的云服务，让顾客安心无忧。

第八章 酒店人力资源管理信息系统

📖 **学习目标**

1. 理解酒店人力资源管理信息系统的基本内容
2. 掌握酒店人力资源管理信息系统的功能
3. 分析酒店人力资源管理信息系统的优势

👨‍🎓 **学习重点**

1. 酒店人力资源管理的定义
2. 酒店人力资源管理信息系统软件应用的解决方案
3. 酒店人力资源管理信息系统 HR-Link 的云计算应用

👤 **学习难点**

酒店人力资源管理信息系统的功能

第一节 酒店人力资源管理概况

一、酒店人力资源管理概述

(一) 定义

1. 人力资源

著名的管理学家彼得·德鲁克（Peter Drucker）于 1954 年在讨论员工及其工作的管理时，引入了"人力资源"这一概念。一般认为，人力资源是指能够推动整个经济和社会发展的劳动者的能力，它反映一个国家和地区人口总体所拥有的劳动能力。人力资源包括数量、质量与结构三个方面。

2. 酒店人力资源管理

酒店人力资源管理基于正确的人才理念，综合运用管理的原理，对酒店各层次、各类型的从业者从招聘、培训、职业生涯、组织调配、劳动合同、绩效考评、报酬体系、工作环境等方面实行全过程、全方位的管理，充分开发员工的潜力与发挥员工的主观能动性，使人尽其才、才尽其用、人职匹配，满足员工需要，达成组织目标，实现组织与员工的共赢。

（二）理论基础

1. 经济人假设理论

经济人假设理论的主要观点是：一般人天生懒惰，厌恶工作，总是尽可能少干工作；多数人都没有雄心大志，无进取心，不愿负责任，而宁愿接受他人指挥和管理；人生来以自我为中心，对组织的要求与目标不关心；人是缺乏理性的，本质上不能自律，但又容易受他人影响。

该理论的管理方式包括：①以经济报酬获得员工的效率和服从，对消极怠工的员工采取严厉的惩罚，以权力或控制体系来保护组织本身和引导员工；②管理的重点是提高员工的劳动生产率，完成工作任务；③制定严格的工作规范，加强规章制度管理；④组织目标的实现程度取决于管理人员对员工的控制。

2. 社会人假设理论

社会人假设理论的主要观点是：人们在工作中不仅关心物质需要，也重视友谊、尊重、关怀等需要，即人具有社会交往需要。

社会人假设理论的管理方式包括：管理者应活跃于员工之间，了解员工的要求和思想感情；鼓励员工多进行交往，随时调整和解决下属之间的矛盾，以健康积极的企业文化来融洽员工关系；倡导相互尊重、信任的人际交往，营造一种充满关爱、友好的交往氛围，力争培养员工的归属感和整体感。

3. 成就人（自我实现人）假设理论

成就人（自我实现人）假设理论的主要观点是：成就人假设认为，员工更注重自我实现，只有当他们的才能和潜力充分发挥出来后，才会感到最大的满足。

成就人（自我实现人）假设理论的管理方式包括：让员工参与管理工作以激发其工作热情和用授权来激发员工的工作积极性。

4. 复杂人假设理论

复杂人假设理论的主要观点是：人们的需要是多种多样的，并且会随着人的成长和生活处境的变化而变化；人们有需求偏好并不是说其他需要不重要，而只是一个主次问题。

复杂人假设理论的管理方式包括：①应该善于发现员工的个体差异，因人而异地采取灵活多变的管理方式；②为了提高员工的工作积极性，管理者的领导方式也应该有较大的弹性；③管理者要努力发现员工没有得到满足的需要，并力争使员工的需要得到真正满足，而且当发现员工某种需要一时难以满足时，还可采用培训、教育、组织文化影响等手段改变员工的兴趣偏好，以有利于组织目标的实现。

二、酒店人力资源管理的竞争优势

（一）人力资源管理对竞争优势的直接影响

酒店可以通过有效的人力资源管理来取得成本优势。与人力资源管理密切相关的成本包括招聘、任用、培训、福利等，这些成本约占总成本的70%，可以取得较大的比较优势。人工成本的下降主要通过提高劳动生产率来实现，而员工士气、工作效率直接影响劳动生产率。

（二）人力资源管理对竞争优势的间接影响

1. 人力资源管理对员工产生的影响

在有效的人力资源管理作用下，员工的工作胜任程度、激励程度、工作态度等可以得到改善。

（1）员工的工作胜任程度包括各种所需的知识和技能　如果酒店通过有效的途径识别、吸引和任用有能力的应聘者的话，员工的素质就有了保证；有效的培训能够增强员工对工作的胜任程度；科学公正的工作评估可以了解员工工作能力不足的原因，以便给予相应的指导和培训，使之得到改进。如果企业能够提供比竞争者更有吸引力的薪酬福利及激励机制，将会吸引更优秀的人才。

（2）激励是为提高员工的工作积极性　激励机制包括物质和精神两种，不同层次不同需求的员工个体应该区别对待。物质激励如薪酬福利，精神激励如授权、晋升等。

2. 员工对企业的影响

当人力资源管理对员工产生良好作用时，就能提升企业的竞争力。员工对企业的影响主要表现在企业的产出量、员工流动率、法律诉讼、企业声誉和形象等方面。产出量是指企业提供的产品和服务的数量、质量和创新程度；员工流动率是指企业员工流动的比例，反映员工对企业的信心和归属感，是人力资源管理好坏的标志之一；法律诉讼问题反映企业的人力资源是否能遵守政府颁布的各项劳动法规；企业声誉和形象表明社会对企业的赞赏程度。员工对企业的满意度和忠诚度可以提高企业的形象和声誉。

3. 竞争优势的获取

企业在人力资源管理方面取得积极效果时，在市场上就能取得竞争优势。这些效果能增加成本优势和凸显产品差异。

（三）人力资源管理与持续的竞争优势

酒店通过人力资源管理获得的竞争优势能维持相当长的时间，不大可能被模仿。人力资源系统是企业战略资产中不可缺少的一部分。战略资产是蕴含于公司竞争优势中，难以交易和模仿的、稀有的、特定的一套资源和能力，是一种无形资产，当它深入渗透到组织运作系统，能够增强企业的实力时，它就能创造价值。

🔶 **知识补充**

酒店分部门英文名和英文简写见表8-1。

表8-1　酒店分部门英文名和英文简写

部　　门	英　文　名	英文简写	部门负责人	英文简写
行政办公室	Executive Office	EO	General Manager	GM
房务部	Room Division	Rooms	Director of Rooms	DOR
客房部	Housekeeping	HSKP	Executive Housekeeper	EH
前厅部	Front Office	FO	Front Office Manager	FOM
餐饮部	Food & Beverage	F&B	Director of F&B	FBD
财务部	Finance	Fin	Financial Controller	FC
销售部	Sales & Marketing	S&M	Director of Sales & Marketing	DOSM
人力资源	Humman Resource	HR	Director of Human Resource	HRD
工程部	Engineering	ENR	Director of Engineering	DOE
保安部	Risk Management	RM	Security Manager	—

第二节　酒店人力资源管理信息系统简介

一、酒店人力资源管理信息系统 HR-Link 简介

（一）仁库软件

上海仁库软件科技有限公司成立于2007年，总部位于上海，是一家人力资源管理信息化解决方案供应商，经营范围包括计算机软硬件的开发及销售，公共安全防范工程设计，商务信息咨询（不含中介），企业管理咨询，计算机网络工程领域内的技术服务、技术转让、技术咨询、技术开发，用户分布于全国。上海仁库软件科技有限公司一直致力于HR管理系统的变革，使它从单一的数据维护工具，升级成为整个公司人事事务流转、员工信息交流、大数据挖掘分析的平台。同时上海仁库科技有限公司提供多样化的服务，除了传统的项目咨询、实施、培训之外，还提供软件托管、SaaS等服务。

（二）HR-Link 产品

HR-Link 系列产品涵盖了人力资源管理的各个环节，具体包括核心人事管理、薪酬福利、考勤管理、培训管理、绩效考核、员工自助、移动应用、报告订阅分享等。

二、酒店人力资源管理信息系统软件应用解决方案

（一）酒店业的信息化建设发展和 E-HR 需求

早期酒店的信息化建设主要集中在财务管理、前台管理、客房销售等核心功能上，但各功能相互独立。随着网络的应用和普及，酒店信息管理系统趋向于网络化和集成化。随着经营和人力成本的不断增加，人力资源管理也逐渐被各大酒店集团所关注和重视。对于酒店来说，特别是高端酒店，对 E-HR 有很多更高和更迫切的需求，具体内容包括以下两方面。

1）精确统计人力资源的成本，对于人力资源进行合理分配和应用的重要性日益显著。由于酒店业 24 小时运营的特点，对员工考勤数据的提取和精确分析、统计，也是酒店管理在岗人员成本和利用率的重要基础。

2）高端酒店在员工招聘、培训和绩效管理方面，对适合现在及将来发展需要的 E-HR 人力资源管理软件的需求已是迫在眉睫。

很多酒店的 E-HR 软件已使用多年，功能也仅停留在基础的工资核算和人员基本信息管理上，无法跟上目前的发展需要。

（二）酒店业代表顾客

上海仁库软件科技有限公司开发的 HR-Link 系列产品现拥有全球 600 多家企业顾客，个人用户已经达到 50 多万名；产品的使用领域比较广，包括国际酒店业、零售业、加工制造业、金融业、航运物流业、医药保健业、广告业、教育业等；HR-Link 拥有众多的大顾客，包括希尔顿酒店集团、丽思卡尔顿酒店等国际知名连锁品牌。

希尔顿酒店集团于 2009 年首次与上海仁库软件科技有限公司合作，并开始使用 HR-Link 系列产品。希尔顿酒店集团的员工规模已经达到 40 000 人以上，使用 HR-Link 系列产品的酒店数量已经超过 130 家，主要使用人事、薪资、考勤、员工自助、培训等模块。

丽思卡尔顿酒店于 2010 年首次与上海仁库软件科技有限公司合作，并开始使用 HR-Link 系列产品。丽思卡尔顿酒店集团的员工规模已经达到 40 000 人以上，使用 HR-Link 系列产品的酒店 2 家，主要使用人事、薪资、考勤、培训等模块。

（三）HR-Link 酒店业人力资源管理解决方案介绍

基于对酒店业人力资源管理存在的问题及需求，HR-Link 做了很多尝试，并与众多知名酒店集团一起不断改进，目前已形成了针对高端品牌酒店制定的一整套 E-HR 软件套件及实

施方法。主要的特色如下：

1) 完善的员工信息管理功能，包括对实习生、外包员工等的管理。

2) 针对定时和不定时员工的灵活排班管理，可以按周、双周和月进行设定。

3) 完善的用餐管理，可精确统计早、中、晚和夜宵的就餐人次，结合班次分析就餐需求，可以为控制员工就餐的成本提供依据。

4) 根据酒店需求定制的培训管理，可以按职位和课程进行设定。

5) 提供符合酒店和集团需要的整合人事和财务报告。

6) 系统功能符合国内和国外的审计要求，并协助顾客通过包括 SOX 在内的多种内外部审计。

第三节　酒店人力资源管理信息系统的功能

一、人事管理

（一）功能简介

HR-Link 的人事信息模块可管理和追踪员工从试用期直至离职或退休的所有人事信息。系统提供十余个分类以及上百个系统字段进行相关的员工基本信息维护，主要包括基本的人事信息、职位信息、薪资信息、培训信息、绩效评估信息、招聘及入职信息等。

（二）具体功能

1. 系统特色功能

1) 员工信息与应用的快捷搜索。

2) 员工信息的快速更新与批量导入。

3) 可按文件类型或是员工编号批量下载信息与附件。

2. 与硬件设备的无缝集成

1) 自动读取身份证采集员工的信息。

2) 一键完成文件的拍照、上传、转存 PDF。

3) 用人脸识别、指纹识别及手机定位采集员工考勤数据。

3. 内置了 HR 日常处理事务

1) 统计和管理员工入职、离职、返聘。

2) 职位调整、兼职委派、合同续签、薪资调整、银行卡比例调整、试用期评估。

3) 通过备忘录与 Check Point 提醒 HR 与员工待处理的事务。

二、薪资管理

（一）功能简介

HR-Link 的薪资管理模块可方便计算公司各种类型员工的薪资，并生成各类薪资及政府所要求的报告。

（二）具体功能

HR-Link 的薪资管理模块的具体功能包括以下内容。

1）可根据不同类型的员工计算其基本工资、福利、津贴、个人所得税等薪资项。

2）可支持多薪资期段。

3）系统中新增了元素的概念，支持自定义薪资项目及薪资角色。

4）可支持薪资发放逐级审批的管理流程。

5）可灵活计算各类假期，包括年假、事假、病假等。

6）可灵活计算各类加班费，并支持将加班时间转为调休假。

7）可自动生成各类银行文件。

8）支持政府各项新政，如个人所得税六个附加项抵扣，并可自动生成政府所要求的报税文件。

9）可自动生成各类福利报告，包括养老金、公积金等。

10）提供数据导入、导出模版，对于月末数据和考勤数据支持 Excel 导入。

11）可与不同的 ERP 系统接口。

12）可灵活定义各类公司内部的薪资报告。

13）所有的按钮操作都能保存日志。

14）酒店业的信息化建设发展和 E-HR 需求。

15）酒店业人力资源管理。

三、考勤管理

（一）功能简介

HR-Link 的考勤管理模块是专门针对大型工厂、酒店、零售业等劳动力密集型行业所设计的。可以支持符合工厂工人的排班及综合工时管理，办公室员工的标准排班及弹性排班，以及零售行业店员的无固定班次排班等需求，并通过与移动端的应用结合大大减轻人事部工作人员的工作强度，使考勤数据能够快速、正确地得到处理。

（二）具体功能

HR-Link 的考勤管理模块的具体功能包括：

1）与不同类型考勤机接口，并可以通过扫描二维码、GPRS 定位、无线定位进行考勤打卡。

2）可根据用户的实际情况灵活设定考勤政策。

3）可灵活设定各类班次，并进行排班。

4）可灵活处理如迟到、早退、缺勤、加班、休假等各类考勤信息。

5）异常数据可以通过邮件或是微信直接通知相关员工进行处理。

6）可实时导入及导出各类考勤数据，并生成相应的报告。

7）可与 HR-Link 的网上加班及休假管理模块结合使用。

8）提供预填加班单与实际加班小时比较、预填请假单与实际请假时间比较。

9）可处理重复刷卡、奇次刷卡等异常数据，并生成报告。

四、员工自助

（一）功能简介

员工自助服务允许在一定授权范围内的人员在线查看企业规章制度、组织结构、内部招聘信息、个人当月薪资及薪资历史情况、个人福利累计情况、个人考勤休假情况、内部培训课程、提交请假或休假申请，更改个人数据，以及与人力资源或是其他部门人员进行电子方式的无纸化沟通。

HR-Link 员工自助服务，包括网上休假和网上工资单。员工可以根据自己的需要，去寻找、更新和掌握信息。从而减轻人事部门对个人信息的维护量，并且确保了员工信息的时效性和准确性，特别是会发生变化的信息，如联系方式和通信地址等。HR-Link 员工自助服务界面如图 8-1 所示。

图 8-1　HR-Link 员工自助服务界面

（二）具体功能

HR-Link 员工自助服务的具体功能包括公告板、备忘录、网上薪资单、休假及加班申请及审批、考勤异常确认、出差申请及审批等。

五、培训管理

（一）功能简介

培训管理是 HR-Link 人力资源管理系统的基础模块之一，从属于业务应用层面，旨在通过对整体培训计划的制订、执行，以及对培训过程的全面管控，最大限度地实现培训资源的整合，从而提高培训效率、增强培训效果、降低培训成本、扩大培训范围，满足员工个性化培训需求与差异化企业培训管理。此外，通过系统特色的电子化流程管理与在线考核评定体系，有效融合岗位、知识、课程、目标、评估、管理的培训系统六大主题，为企业的培训管理体系与培训能力建设搭建标准化平台。HR-Link 培训管理界面如图 8-2 所示。

图 8-2　HR-Link 培训管理界面

（二）具体功能

HR-Link 培训管理模块的具体功能如下：

1. 基本信息维护

（1）课程信息　对课程的类型、费用、课时、提供机构等信息进行维护。

（2）机构信息　对培训机构的基本信息、可开课程等信息进行维护。

（3）讲师信息　对讲师的基本信息、类型、可讲课程进行维护。

2. 培训流程管理

（1）制订培训计划　培训专员可以通过系统汇总了解员工的培训需求，从而制订相应的培训计划；系统可以自动根据职位和评估提醒需要开立的课程；培训计划可以通过流程审批。

（2）培训申请流程　培训专员可以通过网络发布培训课程，员工可以自助申请观看发布的课程，员工的申请可通过网络由人事及部门主管确认。

（3）培训结果　培训结果维护。

（4）培训反馈　员工、人事、教师可通过网络对该课程及相关参与者评分，可以递交反馈意见。

3. 报告

提供培训信息的汇总报告，以及各类培训信息的分析报告，如课时、费用、参与人员、完成率等。

（三）实例

培训管理分为课程维护、开课管理、已参加人员报告、未参加人员列表和 Training Matrix。

培训管理功能界面是对已有培训课程、人员进行记录。培训课程维护界面如图 8-3 所示，可对已有培训课程编辑或删除。单击编辑后即可进入图 8-4 所示的界面，可对已有培训课程编码、课程中英文名、培训时限等进行修改。培训开课管理（新做的培训课程将通过该功能录入系统）界面如图 8-5 所示，搜索已有课程进行编辑，或单击新开课程，进行操作，输出相应信息后单击保存，该课程即存在。单击添加学员，通过搜索参加该培训的学员编号、姓名等添加该学员，培训开课列表界面如图 8-6 所示；也可选择切换至模糊搜索界面，通过输入员工编码、中英文姓名，并以逗号分隔（如 e.g. 输入"BJSDT00001，BJSDT003，张，王"）一次性搜索多个学员，添加学员操作界面如图 8-7 所示。

图 8-3　培训课程维护界面

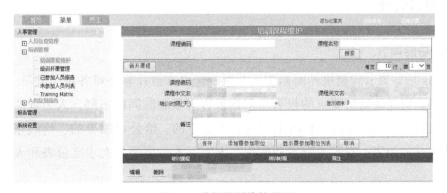

图 8-4　编辑培训维护界面

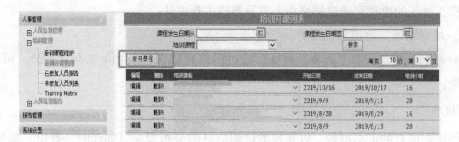

图 8-5 培训开课管理界面

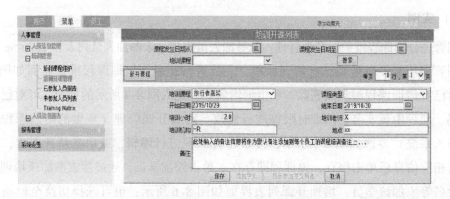

图 8-6 培训开课列表界面

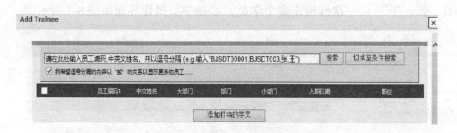

图 8-7 添加学员操作界面

六、报告管理

(一) 功能简介

HR-Link 的薪资管理模块界面如图 8-8 所示，可方便计算公司各种类型员工的薪资，并生成各类薪资及政府所要求的报告。根据报告对象和时间的不同，人力资源管理分析报告也分月报、季报、年报；有给主管的、给财务的、给公司领导的、给股东的；有简报，有带附件的细表；有人力资本利润表、人力资本负债表、人才流量表和人力资本预测表等。

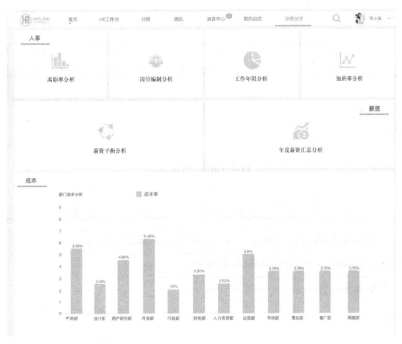

图 8-8 HR-Link 的薪资管理模块界面

(二) 具体功能

1. 自定义报告

用户可以在用户界面选择相关的报告字段，定义该报告的排序方式、分组统计方式、报告描述显示、报告用户参数，系统会自动根据用户的要求生成 Web 报告。同时系统可以将生成的 Web 报告导出 Excel、HTML、RTF 等格式的文件，以便用户进行二次编辑。

2. 系统报表

系统同时可以提供大量的报表，帮助酒店进一步分析和深度挖掘酒店工作人员的相关数据。

 知识补充

HR-Link 报告类型见表 8-2。

表 8-2　HR-Link 报告类型

薪资平衡报告	人员异动报告
每月薪资明细报告	每月新进离职人员报告
历史薪资明细报告	人数分析报告
每月福利明细报告	人员信息报告
各地区税表	各类银行文件

3. 分析报告

决策中心内置了部分标准分析报告，并可集成特定的企业个性化报告，可实现快速收集各公司的数据，加以分析后可作为集团决策的依据，以便集团在竞争激烈的商业环境中占据主动。

知识补充

HR-Link 的优点

- 完善的员工信息管理功能，包括对实习生、外包员工等的管理。
- 灵活的针对定时和不定时员工的排班管理，可以按周、双周和月进行设定。
- 根据酒店需求定制的培训管理，可以按职位和课程进行设定。
- 提供符合酒店和集团需要的整合人事报告。
- 操作简单易上手。

（三）实例

人员信息报告界面如图 8-9 所示，主要报告当前员工的人数、员工生日和组织结构及职位变更。

当前员工人数报告：包含大部门、分部门的人数等信息，如单击后可选择文件格式，再单击 Export，导出报告。

生日报告：包含员工编号、中英文姓名、生日日期、职位、人事等级等信息，选择月份及筛选条件后可单击查看报告，并选择格式导出。现职员工人数报告导出界面如图 8-10 所示。

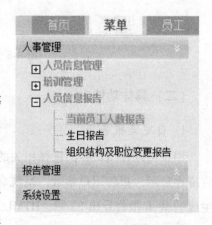

图 8-9　人员信息报告界面

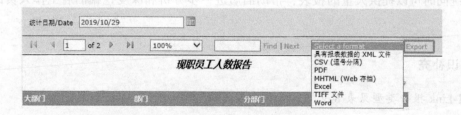

图 8-10　现职员工人数报告导出界面

组织结构及职位变动报告功能：可通过输入时间节点，单击查看报告后导出，可以看到酒店该时间段内职位变动或部门变动人员信息。

用户自定义报告：可通过新建，建立新的报告，并可通过报告设计，选择导出报告需要的条件，从而得到自己想要的报告。

第四节　酒店人力资源管理信息系统整体评价

一、酒店人力资源管理信息系统 HR-Link 的应用优势

（一）成本低

酒店以前需要投入高昂的设备以及人员维护费用，用 HR-Link 系统初期只需投入很少的资金，就可以实现"7 天×24 小时"全时段全地点的考勤系统的构建。

（二）丰富性

HR-Link 系统除了在手机端可以实现日常的考勤审批等多项功能外，PC 云端更可以实现排班、修改数据等高阶功能，丰富的功能满足了酒店内部不同的需求。如 HR-Link 考勤管理系统同时也可以对考勤规则进行详细设定，为不同部门不同员工设置不同的考勤标准，并且根据公司自身的情况，对考勤异常根据规则进行自动判断；还有智能化的排班调整工具，可以根据上班次序设定，进行多方式的调整；与其他系统模块（人事档案、薪资系统、就餐系统）等进行协同工作，数据一体化。

（三）灵活性

HR-Link 考勤系统可以与不同类型的考勤机连接，适用面广，灵活性相对较高，实时性强。例如，灵活处理迟到、早退、缺勤、加班、休假等各类考勤信息，灵活设定各类班次，并进行排班。

（四）安全性

HR-Link 系统借助酒店微信和腾讯云服务器的强大且安全的功能，酒店无须担心数据的泄漏以及黑客的攻击，最大限度地保障了信息的安全性。

二、酒店人力资源管理信息系统 HR-Link 的技术优势

（一）系统处理的准确性和及时性

HR-Link 系统处理的准确性和及时性是系统的必要性能。在系统设计和开发过程中，充分考虑了当前和将来可能承受的工作量，使系统的处理能力和响应时间能够满足管理者对信息的处理需要。同时，HR-Link 系统的查询功能对于整个系统的功能和性能完整很重要。

（二）系统的操作可行性

酒店考勤系统面向的是管理者，管理者的时间和精力是有限的，如果系统的操作过于复

杂，那么系统就失去了它原本的意义，所以 HR-Link 系统操作简单、方便、快捷。

（三）系统的可扩充性和响应速度

HR-Link 系统在开发过程中，充分考虑了以后的可扩充性。例如，HR-Link 系统权限和员工信息设置等模块会不断地更新和完善。所有这些都要求系统提供足够的手段进行功能的调整和扩充。另外 HR-Link 系统几乎时时刻刻在录入新的数据，所以会有大量的存储过程，这就有可能使系统响应速度过长，面对这些问题，该系统在设计中摒弃大量冗余数据，提出优化数据库的解决方案，从而达到了及时反馈信息的要求，严格保证了管理者不会因为系统的速度问题而影响工作效率。

三、酒店人力资源管理信息系统 HR-Link 的云计算应用

（一）云服务平台

云服务平台不仅减少了或取消了传统的软件授权费用，而且将互联网考勤软件部署在统一的服务器上，免除了最终用户的服务器硬件、网络安全设备和软件升级维护的支出，顾客不需要除了个人计算机和互联网连接之外的其他 IT 投资，就可以通过互联网获得所需要的软件和服务。

云考勤是建立在云计算基础之上的全新考勤平台，该平台整合了互联网应用的三大核心要素：计算、存储、网络，面向用户提供公用化的互联网考勤服务。云考勤服务平台能够使用户在实施中提供可靠性和适用性，逐渐成为用户酒店管理软件的首选。

（二）云服务平台的特点

1. 整理考勤记录

考勤信息云端存储：酒店管理员以及员工都能随时登录网络考勤系统管理、查看考勤记录，是名副其实的网络考勤机。

永久保存考勤记录：将指纹考勤机里的考勤记录永久保存至网络考勤系统，数据双向备份，让所有员工的考勤信息都有史可循，减少考勤争议。

2. 记录清晰易管理

云考勤系统支持按部门、日期、打卡类型查询员工的出勤情况，自动生成考勤报表，减少考勤统计压力。

3. 分布式集中管理

考勤可同步数据，轻松实现异地打卡。在后台可设置多个管理员协同管理酒店考勤，远程删除、登记酒店员工信息。

4. 信息安全有保障

考勤验证在考勤机上进行，指纹数据不直接保存。考勤机和服务器只保存经过算法加密后的识别数据，从而使指纹信息安全有保障。支持脱机使用：酒店员工在无网络状态下也可以进行打卡，保障酒店考勤在任何网络状态下都能顺利进行。

HR-Link 云考勤平台为用户搭建信息化所需要的所有网络基础设施及软件、硬件运作平台，并负责所有前期的实施、后期的维护等一系列服务，即可通过互联网享用系统。服务提供商通过有效的技术措施，可以保证每家酒店数据的安全性和保密性。酒店采用云服务平台上的服务模式能够更好地实现酒店对员工的管理，大大提高酒店的运作效率。

HR-Link 云考勤的服务收费方式风险小，灵活选择模块、备份、维护、安全、升级，专注核心业务，并且可以灵活使用和暂停，随时随地都可以使用，酒店可以按需订购，选择比较自由。云考勤的使用可以使酒店实现循环收入模式，在一定程度上可以降低人力成本，而且是全天候的网络服务，面对面的指导使用，不需要酒店额外增加 IT 人员，降低了酒店的总体成本。

📑 知识补充

HR-Link 云考勤的防止考勤作弊功能：区别于普通的打卡机，云考勤打卡系统以服务器时间为准自动校正时间，杜绝用户私自改动打卡机时间的作弊行为。

课后习题

1. 酒店人力资源管理信息系统的功能有哪些？
2. 结合实际案例，简述酒店人力资源管理信息系统 HR-Link 系统的应用优势。
3. 简述酒店人力资源管理信息系统 HR-Link 云计算的特点。
4. 结合实际案例，评价酒店人力资源管理信息系统 HR-Link 系统。

案例分析

上海新亚汤臣洲际酒店人力资源系统

每年有超过 150 000 000 人下榻在由洲际酒店集团管理的知名品牌中的一家酒店或度假胜地。从全球范围来说，有超过 4200 家酒店属于 Holiday Inn、Holiday Inn Express、Crowne Plaza、Staybridge Suites by Holiday Inn。这些酒店能够提供多样性的服务、娱乐设施和住宿经验来满足不同的旅游场合和顾客的需求。作为全球最大的酒店管理集团之一，洲际酒店集团在我国的旗舰酒店——上海新亚汤臣洲际大酒店也是浦东第一家正式被授予五星级的酒店。

上海新亚汤臣洲际大酒店成立之初，人力资源部是用手工加 Excel 来进行酒店员工的人事管理的。像这样一个有 600 多名员工的五星级大酒店，用手工进行 HR 管理显然会非常吃力，重复性的人事信息录入和统计就需要花费 HR 部门大量的时间，人事报表的制作更是既烦琐又不规范，致使工作效率很低，而且还经常出现资料找不到、班次安排混乱、薪资计算出错等问题，大大影响了整个酒店的管理效率及员工的工作情绪。

当今人力资源管理迅速发展，上海新亚汤臣洲际大酒店意识到，没有一个强大的人力资源管理信息系统，人力资源部门面对大量的信息，无法有效率地将其中的重要部分提取出来，并做出相应的判断和处理。酒店管理层的决策只能依据简单的一些报表，在浪费大量人力、物力的同时无法做到实时监控，难以保证数据的准确性和及时性，更加无法满足酒店管理层对人力资源部提出的更高的要求。因此，选用一套既有国际化管理理念，又能够满足中国特殊的人力资源管理环境的人力资源软件系统就被提上了议事日程，作为实现上海新亚汤臣洲际大酒店高效的人力资源管理的一种重要手段。

上海新亚汤臣洲际大酒店在人力资源系统选型时提出了以下要求：

第一，具有国际化管理理念，如整个人力资源管理流程符合 ISO 9002 标准和支持中英文两个版本；第二，符合我国特殊的人力资源管理环境，如薪资及所得税政策等，鉴于我国人事制度在未来几年内改革步伐的加快，上海新亚汤臣洲际大酒店希望该系统面对此种状况能够很好地体现系统的灵活性，并能方便地进行维护；第三，该系统能提供一个强大和方便的报表设计工具，使人力资源部能快速和准确地向管理层提交他们所需要的报表；第四，支持 Internet，如提供基于互联网的招聘功能；第五，具有完整的系统接口，满足灵活的数据导入与导出。

经过调查研究，上海新亚汤臣洲际大酒店全面导入了国际某家人力资源管理信息系统。在经过了几天的需求了解后，该人力资源管理信息系统公司的专业技术人员仅用了两周时间就完成了整个人力资源管理信息系统模块的实施过程。实施后的效果也非常好，HBS HRM 强大的报表功能、无限班次的考勤管理、B/S 构架的查询方式及全面的薪资计算让新亚汤臣洲际大酒店的人力资源部大大地减轻了工作负担，并显著地提高了工作质量，HR 人员可以把工作重心放在人力资源的发展和规划上，从而大大提高了整个大酒店的综合竞争实力。

思考题：

1. 国际连锁品牌酒店对人力资源管理信息系统有什么要求？

2. 完善的人力资源管理信息系统能为国际连锁品牌酒店提供什么功能？解决哪些人力资源管理方面问题？

第九章 智慧酒店

学习目标

1. 了解智慧酒店的发展
2. 理解当前智慧酒店的应用场景
3. 掌握智慧酒店的优势

学习重点

1. 起初的智慧酒店发展
2. 当前的智慧酒店发展

学习难点

智慧酒店案例分析

第一节　智慧酒店的发展概况

一、智慧酒店概述

（一）定义

目前，学术界对智慧酒店没有认可度较高的定义，商界给出的定义是：智慧酒店是指酒店拥有一套完善的智能化体系，通过数字化与网络化实现酒店数字信息化服务技术，具有酒店灯光控制系统的应用和酒店空调控制系统的应用等。

（二）智慧酒店运营的起步

2008 年经济危机后，新技术不断涌现，老式"大头计算机"已经更新换代成了液晶屏计算机，手机也换成了带有录指纹功能的智能机，互联网更是得到了突飞猛进的发展，大数据、云计算等新兴技术也在蒸蒸日上地出现。"隔空见面""隔空互动"等仅仅在人类畅想中的活动如今成为现实，并且还在不断地满足人们更多的需求。而今，新技术更是源源不断地涌出，这些新技术构成了目前以互联网与 App 平台为依托的智慧酒店运营模式。

（三）运营模式创新发展的必要性

传统的酒店行业已经形成了定式，各大名牌酒店把持着局势，新的传统酒店品牌无论是从酒店的硬件配置上还是客源上都比不过它们。但智慧酒店业算是新兴产业，可以通过翻新旧有的竞争手段与有效的管理经营体例，进行使用模式上的更新换代来提升总体竞争力。因此，酒店的竞争优势将主要在人性化、个性化、网络化上展现，创新模式迫在眉睫。

二、起初的智慧酒店发展

智慧酒店的实践起源于旅游业对自助服务技术的应用。例如，酒店的自助入住、机场的自助取票、行李托运和自动生物指纹扫描、火车站的自助售票机以及餐厅的自助点餐等技术已在旅游和酒店业中得到了广泛的使用。尽管旅行者更倾向于人工服务，但自助技术凭借其方便和易用的特点改善了用户体验，且因减少顾客等待时间而提高了顾客的满意度。同时，自助服务技术还能帮助旅游接待公司减少运营成本和服务错误从而提高其盈利能力。

国内的智慧酒店相比国外发展较晚，国内智慧酒店的发展要从 2001 年说起，当时以上海瑞吉红塔大酒店为代表的一些高星级酒店，发展智慧酒店的目的是减少人工操作，提高酒店的工作效率，节约人力成本，降低能耗，加强经营管理，为宾客提供更加安全、舒适、健康的生活环境。

随着物联网、大数据、云计算等技术的涌现，智慧酒店呈现以智能终端为载体，通过数字化、智能化与网络化，实现酒店高效管理的发展趋势。例如，万豪集团通过使用神经网络预测市场需求，结合酒店入住率情况做出分析，拟定酒店销售价格，以期使酒店收益最大化。希尔顿酒店集团通过以大数据为基础的顾客满意度系统实时分析各大在线旅游平台的点评对酒店的绩效影响。洲际酒店集团则通过云计算技术对客房的多媒体系统、灯光系统、空调系统、门禁系统以及智能客房服务系统进行一体化管理，从而达到节能减排的目的。

一开始的智慧酒店发展并不是很顺利，很多目的都没有达到，只是相比传统酒店稍微好点儿，有的甚至更差。而如今随着经济和科技的不断发展，酒店利用信息化系统和设备打造智能化，让智慧酒店的发展更贴近目标。

起初智慧酒店的发展就是数字化和智能化的技术概念，是信息化带来信息和服务的便捷化，带来更多的交互性。这在一定程度上节约了人工，提高了工作效率和管理水平，提升了宾客体验。

三、当前的智慧酒店

近几年来，"智慧酒店"是指依靠云计算、物联网和移动信息等新技术，以智能终端设备为载体，通过经营、管理、服务的数字化、智能化与网络化，实现酒店个性化、人性化服务和高效管理。

智慧酒店在建设和发展中往往呈现三个鲜明的特征：

一是注重顾客导向。智慧酒店在定位、建筑和环境设计、系统架构、品牌建设、产品设计、服务流程等方面紧紧围绕这一目标展开。

二是注重持续创新。智慧酒店的发展过程就是不断创新营销、创新管理、创新服务，以适应不断变化的市场、变化的顾客和变化的环境的过程。

三是注重科技支撑。依托互联网、移动互联、物联网、大数据、云计算、人工智能、通信技术、可视化技术、控制技术等现代技术，提升酒店的建筑、设计、经营及管理水平。

智慧酒店的大数据底层服务+数字化运营平台，可整合部门数据，改进内部管理，改善酒店能效，改善顾客体验。科技的植入，不仅给顾客带来新鲜感，也使住宿流程进一步简化、互动交流进一步优化，顾客的住宿更加便捷、舒适。不过，智慧酒店也存在前期投入大、更新改造难、维护成本高、整合管理难等不利因素。

如今的智慧酒店，已经呈现一个比较理想的应用场景：顾客通过携程、飞猪、酒店官网、酒店微信小程序、酒店微信公众号等平台下单，并可直接支付相关费用；到酒店后，可在大厅酒店自助机上办理入住、选房、退房、现场订房、续住等，利用人脸识别、身份证验证等技术完成安全对接；顾客到房间后可用平板电脑、手机等移动端对客房窗帘、电视、空调、灯光、门锁、空气净化器等进行智能化控制，并且也可用传统的面板控制方式，只不过是弱电操作，按键体验更舒适；顾客和酒店的交互可以通过微信、电视、电话等直接交流，方式更加多元化，满足不同顾客的需求。

由于对客服务的复杂性，在智慧酒店的建设中，机器人技术的引进相对较晚，但是随着人工智能和机器人技术的不断发展，越来越多的服务型机器人开始进入旅游和酒店领域。希尔顿酒店集团与 IBM 合作，试行了世界上第一台礼宾服务机器人。该服务机器人从 Watson 和 WayBlazer（人工智能）汲取知识，向顾客介绍当地的景点、餐厅、酒店设施等。2015 年，世界第一家主要由机器人担当服务员的酒店在日本开业。此后，酒店业纷纷试图跟上这种机器人和人工智能技术结合的潮流，以打造更高智能化的智慧酒店为目标，引入大量服务型机器人。包括如家的和颐精选酒店、金陵的紫金山庄、首旅建国、港中旅维景、深航、戴斯、维也纳等 20 多个酒店品牌与研发机器人的公司签署了合作协议。

四、智慧酒店的优势

首先，劳动力成本的降低是智慧酒店建设过程中，特别是人工智能技术引进后所带来的最明显的好处。酒店的基层员工流动率高，机器人技术的使用就解决了这个问题。同时，相对于一个员工一周最多工作 40~60 个小时，智慧酒店里的人工智能可以保持全天运作，即一周运行 168 个小时。

其次，智慧酒店的人工智能技术可以重复例行工作。例如，人工智能可以不厌其烦地向顾客介绍酒店的产品上千次，而不会产生抱怨或忘记去做，也不需要激励它们去做，但人类员工却有可能产生厌倦感。此外，机器人技术的使用可以为酒店产品销售做出积极贡献。例如，因为想要看到机器人运送食物和饮料，酒店的顾客可能会订购客房送餐服务。

再次，智慧酒店的人工智能技术可以按照事先设计好的服务程序及时准确地完成工作，从而保证了服务质量，并可通过软件和硬件的升级来丰富其工作内容和扩展其工作项目，但人类员工却需要大量耗时耗力的培训，培训结果也未必能达到预期效果。例如，用不同的语言与顾客交流。

最后，智慧酒店的人工智能不会散布谣言，歧视顾客或员工，表现出负面情绪，更不会要求加薪。同时，从法律的角度看，智慧酒店的人工智能技术减少了由劳动合同所引起的潜在的法律诉讼，这使酒店人力资源管理工作变得很轻松。

五、智慧酒店的建设要点

（一）设备的有效链接

先进数字化设备的运用，显著提高了酒店的经营管理能力。在"互联网+"背景下，将各项先进数字化设备有效链接，能够取得更大的收益。当前，酒店设备越来越先进，智慧化水平不断提升，酒店管理人员要根据酒店内部各项设备的运行情况，定期引进新型的设备设施。

在智慧酒店当中，利用先进的网络技术，对酒店电视系统和客控系统进行全面改造升级，能够保证酒店内部的各项设备实现稳定链接，帮助酒店管理人员更加快速地获取数据信息。酒店采取此种改造模式，不仅能够取得良好的管理效果，而且可以显著降低酒店的经济投入，不断提升盈利空间。某智慧酒店通过利用互联网技术，对酒店内部的电视系统进行优化改造，能够促进酒店宣传部与顾客之间的良好互动，取得较好的应用效果。

（二）顾客与酒店之间的有效链接

运用先进的信息技术，酒店不断拓展营销范围，真正实现精准化营销目标。Wi-Fi 作为酒店顾客的刚需，微信已经成为重要的沟通工具，酒店内部的 Wi-Fi 已经不再是单纯的展示通道，酒店利用 Wi-Fi 能够与顾客有效互动，促进酒店和顾客间的良好交流。酒店利用 Wi-Fi 与微信可以顺利完成营销，提升酒店营销的精准化水平。例如，利用 Wi-Fi 进行点对点的信息传达，开展优惠券营销，同时制定抽奖互动等方案，提升顾客满意度。

酒店通过利用互联网技术与社会化工具，能够显著降低运营管理成本，带来更多经济收益，大量发展会员，提高直销水平。在北京与深圳，大部分酒店已经实现了 Wi-Fi 与微信一起升级，精准开展个性化营销服务，为顾客提供更加完善、优质的酒店服务。同时，5G 技术的运用，为消费者提供了更加先进、优质、完善的酒店体验。

（三）体验的有效链接

酒店内部服务进行社会化处理，从而为顾客营造更加优质的旅居体验。为顾客提供优质的旅居体验，是酒店发展的核心追求，同时也是推动智慧酒店可持续发展的重要依据。传统酒店主要利用现有设施设备，为用户提供相应的服务，而"互联网+"时代背景下，酒店通过利用外部资源，优化服务模式，给顾客带来更多优质的服务体验，在减配置与减人员的条件下，仍然能够为顾客提供良好的服务体验。

在建设智慧酒店的过程当中，酒店也可以与商场、景区及第三方服务企业进行合作，不断增加酒店业务项目，为顾客提供更为完善的旅居服务，进一步满足顾客的个性化需求。生态圈链接与整合，对智慧酒店的建设起到良好的促进作用。智慧酒店要保持开放思维，结合周边商圈的特点，有针对性地增加酒店服务项目，在提高顾客满意度的同时，不断提升酒店自身的经济效益。

（四）酒店管理平台的有效链接

酒店内部管理平台利用互联网进行升级优化，可保证酒店管理平台的稳定链接。移动互联网的出现，能够促进酒店业的可持续发展。移动管理系统的构建，能够保证智慧酒店业务服务水平得到显著提升，优化酒店管理流程。例如，深圳圣淘沙酒店通过利用互联网技术，将酒店内部的管理平台有效链接，能够缩短顾客退房时间，由之前的 8 ~ 15min，缩短为 3~5min。

虽然酒店利用物联网技术，能够为顾客提供更加多样化的智慧服务，但是由于顾客知识水平与受教育程度的不同，酒店还要针对此部分顾客，制定出独特的服务模式，不断优化智能终端，在满足顾客实际需求的同时，简化操作步骤，从而推动智慧酒店的稳定运行。

随着互联网技术应用的范围越来越广泛，智慧酒店也越来越智能化。为了保证互联网技术在智慧酒店中更好地应用，酒店管理人员要结合互联网特点，以及互联网时代的发展趋势，不断改进酒店管理模式，同时加强智慧酒店设计，满足智慧酒店的多样化发展需求。

六、智慧酒店对顾客体验感知的不足

从酒店经营的角度出发，员工服务效率的评价是以服务所需的时间来衡量的，即时间越短，人工成本就越低。这就是酒店热衷于投资"智慧酒店"的原因，毕竟从理论上看，对机器人的投资要比付工资给人少。然而，采用人工智能提供对客服务会改变顾客服务体验的性质，因为某些服务的感受是由人机交互（HRI）决定的。与高效率是唯一衡量标准的工业化智慧不同，旅游和酒店业智慧化的成功与否完全取决于服务对象的满意度。因此，智慧酒店在建设过程中，无论是硬件设施还是软件服务，出发点和归宿都应该是提高顾客的体验，感知顾客的需求。

当前，酒店智慧化建设可分为两个层次：第一个层次属于自动化服务（间接交流），第二个层次属于可移动机器人服务（直接交流）。在第二个层次中，机器人的自主性，即适应环境变化的能力和与人类互动的能力要求明显提高。这意味着机器人必须获得更多能力，以满足它们在各种情况下做出自主决定的要求。毕竟直接交流是一种信息的双向交流，体现了人与机器人之间在某种程度上的平等，而间接交流是一种建立在假设基础上的单项交流，人工智能依据程序员预先设计好的指令程序响应用户的要求。智慧酒店建设在第一层次的间接交流已取得一定进展，智慧水平更加接近于工业化智慧，但在第二层次的直接交流上，就顾客体验感知而言，它的智慧仍处于初级阶段，主要存在以下一些问题：

（一）智能设备功能单一、简单，实用性及效率有待提高

设备性能的单一性主要体现在智能设备只能完成预设的工作任务。工作任务一旦超出预设范围，则无法完成。例如，顾客在办理入住的同时无法向人工智能询问问题。在这种情况下，人工智能可以完成办理入住的任务，但对顾客的提问却没帮助。虽然智能多媒体系统、空调系统、灯光系统、客房服务系统已成为智慧酒店的标准配置，但顾客在使用过程中感觉其功能简单且实用性不强，噱头的成分较多。此外，人工智能的语音系统对顾客指令识别的准确度较低，难以识别带口音的指令，需要顾客不断重复指令。此外，人工智能在不应该与顾客交谈的时候与顾客交谈，使顾客受到惊吓，也是造成顾客入住体验较差的主要原因之一。

（二）智慧酒店中的智能设备易用性有待提高

当住店顾客在使用人工智能设备时，人工智能的设置是否能让顾客快速掌握并能充分利用其功能将直接影响到顾客的体验感知。例如，人机交互的界面简洁与否，键盘的位置方便与否，输入内容的多寡，以及整个过程所耗时间的长短等都会成为顾客体验加减分的因素。

（三）人为干预的缺失

人为干预是指在酒店人工智能出现偏差，无法完成其预设任务时，工作人员就会出现协助完成工作。在以"无人"为特色的智慧酒店里，当遇到顾客无法办理入住或退房时，人为干预机制的缺失，将很容易引发顾客的消极情绪。然而，人为干预对"无人"智慧酒店也是一把双刃剑，如果处理不当也会影响顾客对"无人"的期望，从而破坏他们的入住体验。

（四）智慧酒店未能达到顾客的期望值

期望值落差是指顾客在到达智慧酒店前所带有的对智能酒店的看法与到达智慧酒店后真实体验之间的差异。经常出现的问题是"人工智能"的智慧被智慧酒店和无人酒店当作独特的卖点进行广告宣传，这就造成了顾客对"人工智能"智慧的预期过高，从而造成顾客对"智慧酒店"在智能上的缺陷的容忍度降低，影响了顾客的体验。

因此，在面对是否全面使用人工智能代替人的问题时，酒店经营者要明白"款待"与"服务"的区别。虽然"款待"与"服务"经常被当作同义词或近义词互相替代，但"款待"和"服务"还是存在细微差别的。"款待"是指努力理解对方的要求，从而满足对方物质上和精神上的需求。"款待"意味着让人感到受欢迎、受重视和受包容，而"服务"二字则表示只会满足顾客对物质上的需求。例如，顾客用餐，将顾客点的菜由厨房端到餐桌上叫作"服务"，这是机器人最擅长的。然而，在服务的过程中，与顾客的一个目光接触，给顾客一个微笑，都会与顾客产生情感上的联系，并能提高顾客的体验和满意度，这才是"款待"。待客之道的精髓是围绕着人们互相对情感的理解和回应而发展的。因此，当下人工智能缺乏情感要素的弱点，使之无法与顾客进行带有感情的友好互动，因而无法提供真正的"款待"。

首先，酒店运营的本质是服务效率和独特性，但在这种服务方式转变（由传统人工服务向人工智能服务转型）期间，不能不考虑人工智能的采用是否能够满足顾客的需求和期望。因而，酒店经营者必须明白人工智能的使用是为了提高员工的工作效率，让员工从简单、重复、枯燥的服务工作中解放出来，使他们能够更好地为顾客服务，而不是要一味地取代他们。否则，从长远看，为了"智慧"服务牺牲了人性化交流体验的智慧酒店（或无人酒店）是很难吸引到顾客的。

其次，在考虑采用人工智能时，酒店经营者应更多地考虑怎样通过人工智能的使用，让员工提供更多的对客服务，方便员工为顾客创造更多价值。同时，让人工智能能够增强员工与顾客的互动与联系，而不是增加他们的距离，甚至不让他们互相接触。

最后，顾客在与机器互动时可能出现对互动结果不确定，产生缺乏安全感的情况，酒店经营者需要做的是让顾客增强安全感。同时，在服务机器人的拟人化、感知智能化和感知安全化上多做文章，例如让机器人模拟人的特征有助于引起消费者的积极态度。对于非必要的互动式服务，重要的是注意其功能性（例如，在提供礼宾服务时，机器人能迅速提供顾客所询问问题的答案和建议）。这些功能在消费者眼里都是智能（智慧化）的表现。

七、智慧酒店现有运营模式中存在的问题

（一）不能满足消费者要求

首先，智慧酒店诞生的初期弥补了传统酒店的不足之处。其次，满足了传统酒店不能满

足的消费者的需求，如 AI 行李追踪技术与 RFID（射频识别）标签可以让顾客在办理完入住后不用带着行李箱到房间，直接到房间所在楼层的行李箱专放处取就行。

然而"智慧酒店"有的时候并不那么聪明。可通过感应开启的窗帘，一次根本打不开；且有些配备消费者需要去查阅说明书或询问服务员才会使用；更不便的是入住酒店必须下载酒店 App，否则无法入住。这些都显示了智慧酒店还不能完全满足消费者的需求。

（二）安全性能不足

当今信息在网上大量呈现，以前人们看不见的很多信息被曝光在触手可及的互联网上，人们担心自己的信息会被泄露。智慧酒店只是增加了一个网络控制功能，就令顾客产生了新的担心。在安全性方面，智能门锁一直饱受非议，并且部分智能锁还没有应用完整的系统来保护。假如遇到了蓝牙密码复制，一次性的密钥在经过复制之后就会直接被操作的人套走，系统根本分辨不出来那是顾客，还是恶意的操作人员。因此，从管理层面进行身份认证，区别人员与权限处理是安全问题的关键，也是最不容忽视的地方。

（三）千篇一律无特色

现有的智慧酒店盲目追求"智慧"。首先，酒店基础设施智能化。电器设备与微信平台、IPTV 系统相连，智能客控普及度高。其次，入住流程智能化。对房间进行自主交付，顾客到店去自助机自行办理入住。最后，增值服务智能化。线下的消费服务都从线上来完成，但这毫无特色可言。

目前特色酒店蓬勃发展，顾客都在寻求"特色"，而智慧酒店每家几乎都相似，带给顾客的体验也相似。

（四）职能传统

目前，智慧酒店只能做到传统的住宿职能"智慧"化，只能在住宿方面给予便利。酒店在其他方面也应该更智慧、更人性化。改变传统意义上的酒店住宿功能，开发其他方面的新职能应成为酒店职能转变的主要方向。

八、如何创新智慧酒店的运营模式

（一）提升智能化酒店智慧的水平，提高服务质量与效率

首先，做到入住流程更加便捷化。顾客自主办理入住手续，有疑问寻找工作人员。智能化的入住办理方式既提升了酒店当下的电费等投入资本的利用率，又减少了酒店的人力资源成本。

其次，做到更好的酒店基础设施智能。智慧酒店的"智慧"不应仅仅体现在下单订房、智能化入住、智能订餐、智能呼叫服务等方面。酒店还应提供远程智控服务，让顾客在来的

路上就可以打开需要的设施，准备好自己需要的舒适环境。智能客控系统可以借助场景预设，如使用温度、灯光来给用户营造氛围、创造惊喜。

再次，酒店在推广的时候要有针对性地进行推广。互联网时代，消费者的消费行为与消费习惯都可以根据以往的记录，充分利用云计算与大数据进行有理有据的分析计算后获得。

最后，利用第三方软件与消费者做好"联动"。在个体消费者经常利用的第三方平台有针对性地投放广告。如消费者在某个平台上搜索了到一个地方的机票、车票、船票，该平台通过那个地方的相关酒店图片快速吸引消费者的视线。

酒店根据淡季、旺季、工作日、周末等时间影响因素变动价格，然后把自己的优势在消费者的浏览界面中展示出来。这样不仅使广告更有针对性，客源的转化率更高，降低成本，还可以获得稳定的客源，减少了资源浪费，更重要的是能与消费者建立稳固且长久的关系。

（二）辅以人工使服务人性化

由于智慧酒店基本上是自助下单、自助缴费、自主办理入住，所以有一部分酒店会大量裁员来节省成本，以便将成本投到其他方面。

当消费者使用酒店里配备的物件时，难免会有使用不当或者不会使用的情况。当消费者遇到了需要指导的情况，却无人可咨询，这会对酒店的服务口碑造成负面影响。如果酒店的重要设施临时故障，需要检查修复，但酒店没有专员立即去修复，不仅会影响酒店的运营，还会引起住客的恐慌。因此，酒店保留一些人工进行及时服务有很大必要，这是不能节省的成本。

（三）加速融合，开发新职能

随着人们消费水平的提高，人们对服务质量的要求越来越高。消费者尤其是年轻的消费者到酒店的目的从简单的住宿转变为追求多样化的体验，酒店办公更是成为当下"晒照"的流行趋势。

智慧酒店应扩展业务，丰富顾客的住宿活动，利用好顾客的碎片化时间，提升顾客的住店体验，如利用 OA 系统方便顾客"无纸化"办公。

此外，智慧酒店不能仅提升酒店的"智慧"率，更应该利用好大数据进行统计。首先，利用第三方平台的可移动性，将洗衣、订餐、送餐、叫车、导航等服务转移到这些可移动的 App 上，再简化程序，使顾客更快地得到想要的反馈；其次，在顾客有意向体验的服务方面加快"智慧"化发展，如加速目前倍受欢迎的游戏行业与智慧酒店的结合，就可以用 VR 虚拟现实技术和 AR 增强现实技术来实现。

（四）确保顾客与信息的安全性

随着移动互联网、速运技术产业、云计算、蓝牙遥控技术、智能数据挖掘等新技术在诸多领域的广泛应用，人们越来越担心信息安全问题，而智慧酒店正是依托这些技术应运而生，所以安全问题也正是最需要关注的一环。

所有酒店的工作人员必须实名制打卡。除了顾客以外，酒店最经常走动的人就是工作人员，如培训流程不能完善体制化标准，再加上工作人员自身意识不足，就很容易做出不正当的事情。因此，对员工的严格管控是有必要的，从体系上杜绝人为事件。

在运营方面，酒店除了管控员工，警示顾客之外，也要严格从硬件上提升整个酒店的安全系数。除了传统的安全消防系统、闭路电视、监控系统以外，还要提升警报系统与门禁系统等安保系统的灵敏度。此外，客房的报警系统与新兴的电子巡回监察系统也一定要不惜成本地去寻找相关专业人员制作，且要定期修复。酒店一定要以顾客的安全为重，不要因为安全问题给酒店带来负面的影响。智慧酒店可能不像传统酒店那样依赖人工，但正因如此对员工的素质要求才更高。

（五）做有别于其他智慧酒店的特色酒店

人人都在追求"不同"的时代，酒店业更要如此。知名的老牌酒店林立就是因为每家酒店的特色分明，新起步的智慧酒店却为了凸显"智慧"特色，造成了"清一色"的局面。

首先，想打造独立品牌的酒店可以寻求某个 App 进行单独的联动。在现如今，企业甚至是产业间的合作变得更加重要。智慧酒店通过信息资源共用与管理方法体例上的互惠，打破了传统酒店行业与其他关联产业的界线，更好地实现了酒店与其他产业的融合。其次，可以对房间的主题进行有针对性的细化，知道顾客想要什么，然后进行改造应用，如游戏主题房间、生日主题房间、古风房间等。

（六）以更加现代化、智能化的服务满足住客个性化需求

以现代化智能化手段满足入住人群个性化需求是智慧酒店建设的核心理念与直接目的。住客借助互联网、手机或者智能系统完成酒店一站式入住、入住期间的智能消费、智能续费以及智能退房等智能化服务，大大提升了入住体验与酒店的服务质量。例如，目前智能手机成了人们形影不离的朋友，智慧酒店可以借助这一特性，积极研发出酒店专属 App，入住者可以借助 App，对自己的房间进行专属化管理与移动终端控制。另外，酒店的打扫、叫醒、设备使用、租赁等服务，都可以在 App 上实现，有效提升酒店服务水平和效率。

（七）建立智慧酒店管理人才培养机制

智慧酒店的科学化、规范化管理比传统酒店要求更高。智慧酒店作为一类新兴酒店，专业化管理人才非常缺乏。所以，在引进高质量管理人才的同时，还要建立培养机制，多借鉴、学习国外智慧酒店人才培养的成功模式与经验，结合国情与自身实际情况，逐渐摸索与建立一套具有自身特色的人才培养机制，培养高水平、专业化智慧酒店管理人才。

（八）结合实际，制定智慧酒店规范化标准

目前，智慧酒店无规范化标准导致了建设混乱，极大地阻碍了智慧酒店的发展进程。所

以，旅游或者酒店行政管理部门应该适时而变，在政策方面给予积极引导，行业协会应该制定出台统一规范化标准，规范智慧酒店建设，加强对智慧酒店的统一化管理。与此同时，还要积极推进智慧酒店间的数据兼容共享，提高数据的利用价值与利用效率，使建立在数据基础上的酒店智能化建设与服务能够最大化实现。

此外，制定规范化建设标准是智慧酒店发展的必要途径。酒店依据建设标准进行智慧酒店标准化建设，能够避免智慧酒店建设盲目，智慧酒店建设混乱的现状。根据国外智慧酒店成功建设经验，结合我国实际国情与酒店发展状况，制定适合自己的智慧酒店建设标准，快速推进酒店智慧化建设的进程，提高市场认可度。

（九）结合智慧旅游、智慧城市建设，实现平台信息资源共享

作为食、住、行、游、购、娱中的"住"的主力军，酒店不应该独立存在。酒店的智慧化建设应该实现对住客可能有用的方方面面的信息整合。既要让酒店实现"住"的功能，还要让酒店实现"信息储存中心"的功能，将周边乃至更广区域的各类信息提供给住客，这不仅能够为住客带来极大的便利，更能够实现周边各个产业的信息推送，有助于推动区域内其他行业的发展。将智慧酒店与智慧旅游、智慧城市结合在一起，实现信息资源的共享，会带来 1+1 大于 2 或者 1+2 大于 3 的发展效益。

随着智慧城市、智慧旅游的发展，酒店建设发展的智慧化是酒店发展的一大趋势，我国已经不乏智慧酒店建设成功的案例，同过对酒店智慧化建设成功达到了经济效益增加的目的。然而，智慧酒店的发展仍然存在着种种问题，在智慧酒店建设方面，我们还需要不断探索，寻找出一条适合我国国情的智慧酒店发展之路。

第二节　智慧酒店案例分析

一、杭州黄龙饭店

在智能化方面，杭州黄龙饭店打造了国内最先进的 iPad 点菜系统、智能后厨管理系统、无线网络、智慧客房导航系统、全世界第一套电视门禁系统、全球通客房智能手机、互动服务电视系统、机场航班动态显示服务、DVD 播放器/电子连接线及插孔、床头音响、床头耳机、四合一多功能一体机等，让顾客获得尊崇、体贴、智能的体验。

同时，这些智能化的系统也会实现低碳化。例如 iPad 点菜系统，就避免了传统菜单的翻新、修改、更换带来的大量时间、财力和人力耗费以及纸张的浪费；智能的后厨管理系统最大化地整合了后厨资源，节约了水、电等，这种智能和环保低碳的有机结合是智慧低碳酒店的重要特征之一。

此外，高效化也是杭州黄龙饭店追求的目标之一。智能化系统必然带来工作流程上的简

化或者部分程序的自动化和智能化，带来效率上的提高。

整体改造设计规划的制定。在国内酒店行业应用智慧技术和低碳环保技术的时间不长，大多数是使用某一单项技术。整体设计规划一个智慧低碳酒店，在国内几乎没有。杭州黄龙饭店在做这个规划时，就没有什么先例可以借鉴。这就对整体的设计规划带来很大难度，所有的东西都是新的，如想法、技术、程序、系统等。饭店与供应公司签署协议进行合作，双方进行了长时间的沟通和交流，充分交换和讨论，双方的想法和意见在可行性和成本都符合要求的情况下，进行设计规划，这样才有了杭州黄龙饭店改造计划的出炉。

技术的有效嵌入和整合智慧低碳酒店是一个系统，必然会涉及大量的全新技术，这些技术如何有效嵌入该系统中，每个子系统又如何进行有效的互联，进而整合在一起，发挥各自的作用。

高效有序、按期按质完成技术改造，非常重要。同时，这样的改造涉及项目种类众多，技术要求高，这就对实施改造提出了更高的要求。

（一）打造绿色智能餐饮

杭州黄龙饭店有几大餐饮区域：D cafe 自助餐厅，面积 $1200m^2$，拥有 88m 的超长自助餐台，算得上是酒店自助餐厅的航母了；Veranda 意大利餐厅、Deli 美食屋、龙吟阁中餐厅和 Cantina 酒窖，是黄龙饭店智能化和低碳化改造的重点。

以龙吟阁中餐厅为例，进入杭州黄龙饭店龙吟阁中餐厅，顾客走进任意一间包厢坐下，服务员都会笑盈盈地为顾客递上一台 iPad，服务员手里也是一个手机大小的 iTouch。顾客将 iPad 打开，进入系统"点菜"，很快，笑眯眯的厨师长就会出现在屏幕上，欢迎顾客的光临，并且有主厨推荐、冷菜、热菜、汤羹、主食、酒水饮料、套餐等七个项目供选，手指划一下就翻页，按一下就确定。因为屏幕精度高，每样菜的图片细致精美，带给顾客的也是不一样的愉悦体验。顾客很快选好了菜，服务员手里的 iTouch 上也显示出同样的信息。服务员在与顾客一一确认后，再按一下确认，后厨马上就能收到这份菜单，点菜过程就完成了。

2010 年 10 月 1 日，杭州黄龙饭店龙吟阁正式启用 iPad 菜单，刚开始都是图文介绍菜式、酒水，后来发展成为通过自己的局域网连接从前厅到后厨整个顾客居住体验过程。所以，准确地讲，杭州黄龙饭店打造的是亚洲第一个 iPad 餐厅点单系统。iPad 点餐系统还最大限度地实现了环保、低碳的理念，避免了纸张的浪费，成本还不到原来一年传统菜谱投入的 1/3。

杜宏新说，"未来 iPad 菜单还将有更多的应用，比如黄龙饭店在千岛湖有个自己的生产基地，向餐厅专供绿色有机蔬菜和鸡、鸭、鱼等农产品。以后，在千岛湖装一个摄像头，在厨房也装一个，顾客拿起 iPad，就能直接看到原材料基地，菜如何在田地里生长，鸡如何飞来飞去，鱼儿如何游来游去。运输车怎么送到杭州，加工后进入厨房，厨房的师傅怎样操作，煎、炒、烹、炸，直到上桌，而且全部是现场直播。"听他这么一说，让人不由地感慨这已经不只是一个简单的菜单了，简直是对传统餐厅的一场数字革命。

（二）构建五大环保系统

1. 集水系统

酒店两个楼之间有一个狭长的地下过道，以此作为天然的雨水集水区。利用天然形成的场地，完成了酒店的集水项目。采集到的雨水可拿来冲洗地下停车场或浇花。

2. 通信系统

任何一家运营公司的通信系统都有两种线：一种是 2.5G 的，另一种是 3G 的。那么，总共需要 6 股线一起密布在房间里，才能建立完善的通信系统。杭州黄龙饭店通过技术把 6 根线耦合在一起，这样一根天线可以发射六个不同频段的信号。原本要设置 6 个机房，现在只要两个机房就能完成这项工作。机房的减少就意味着辐射、污染的降低，这又是杭州黄龙饭店通过技术实现低碳的体现。

3. 云计算系统

云计算有效地减少了对服务资源的占用，各个顾客端实现和云服务器资源的共享，大大提升了工作效率。

4. 客房环保系统

杭州黄龙饭店拥有 598 间客房，每间客房的空调会产生巨大的能耗。酒店通过在空调内的感应器判定调整温度，无人空房内的空调系统会转为低速运转，节省能耗。客房内的消耗品全部为绿色可回收的环保材质：如圆珠笔、铅笔的笔身是纸质的，洗衣袋和赠送的购物袋是无纺布制作的，等等。建筑装饰系统：1~3 号楼的外立面贴有 TOTO 科技瓷砖，可吸附有毒气体，协助净化并释放纯净的空气，$1m^2$ 的 TOTO 科技瓷砖的净化效果相当于种植了 40 棵白杨树。5~6 号楼的外立面铺设了 INAX 的纳米科技瓷砖，不仅外观靓丽，还有独特的自洁功能，让楼宇能长时间保持光洁如新。

5. 灯光系统

杭州黄龙饭店所有建筑物室内外的灯光系统，都是由知名灯光设计师亲自设计的。其中，总统套房和公共区域都配置了美国快思聪品牌的灯光自动控制系统，可根据顾客的习惯和一天中不同的时间段来调整光线的强弱和亮灯的区域，充分体现了环保节能的理念。

在前厅、客房、餐厅、厨房当中与餐饮有关的能耗环境占据了企业总体能耗的 66%，国内五星级酒店平均能耗值一般是 8%，而杭州黄龙饭店只有 5%，远远低于行业标准。这个数据表明其节能水平已经处于领先地位。据统计，我国星级酒店每年的电力消耗为 100 万~1000 万 kW·h。电费成本通常是酒店除场地费用和人工成本以外的最大支出。对多数酒店而言，电费也是未被酒店有效控制的最后一项成本。在酒店的电能消耗中，空调是耗能大户，热水供应次之，而照明用电量仅排在第三位。经过智能改造，杭州黄龙酒店的用电量节约了7%。

杭州黄龙饭店在浙江是历史最悠久的涉外星级酒店，在改造时，饭店方的考虑是：改造必须与时俱进，志在打造出智能化和绿色节能的"智慧酒店"。在"引领现代奢华体验"的核心品牌理念下，致力于打造我国本土最高端的酒店品牌，以科技为品牌战略手段，打造智能型酒店，创造独特的宾客体验，饭店在国际酒店品牌林立的市场中凸显自己特有的品牌个性。

杭州黄龙饭店在改造过程所采用的多项科技在行业内树立了新标杆，尤其是在智能化和绿色环保方面不但遵循了已有的国家标准，更将远远超越现有的标准，真正成为行业的典范，并引领未来的发展方向。作为智慧低碳酒店，智能化和低碳化是必不可少的元素。杭州黄龙饭店通过不懈的努力，致力于将智能和低碳有机结合。

二、三亚亚特兰蒂斯酒店

酒店业的发展需要与时代发展同步。进入数字化时代，酒店业的发展依赖信息通信技术和网络化已成为业界共识。新时代下，信息通信技术进入酒店企业的各个管理领域，给酒店带来了巨大的挑战与机遇。如何实现数字化转型，利用信息通信技术创造竞争优势，成为国内酒店必须思考的问题。

在迪拜、巴哈马的酒店建成之后，亚特兰蒂斯酒店品牌选择在三亚开设第三个亚特兰蒂斯酒店。三亚亚特兰蒂斯酒店位于三亚海棠湾，占地806亩（1亩约666.67m^2），总投资110亿元，并且拥有1314间全海景客房，是三亚顶级的七星级酒店，被誉为三亚旅游转型升级3.0版的标志性项目。三亚亚特兰蒂斯酒店运营的亚特兰蒂斯水上乐园的面积是迪拜亚特兰蒂斯水上乐园的4倍，能同时容纳13 500人，是国内第一家将建筑与滑道相结合的水上乐园。

如此庞大的亚特兰蒂斯酒店的数字化计算机网络系统，分为酒店管理网和客用网，为应对激烈的竞争环境，开启数字化转型模式，亚特兰蒂斯选择新华三技术有限公司为其先后承接了多张网络的有线、无线建设。

（一）IT虚拟化基础架构，加快应用快速上线

亚特兰蒂斯酒店的数据中心主要包含虚拟化计算资源池、光纤存储共享资源池以及备份系统。为满足酒店业务管理系统的快速上线以及未来应用的快速部署，在架构设计上，新华三技术有限公司采用了能够实现弹性扩展的虚拟化集群架构。通过FC SAN专网连接到后端的全闪存存储器，并在后端配置满足数据备份归档的物理磁带机，满足用户的业务快速上线。

在虚拟化计算资源池，新华三技术有限公司采用了刀片服务器的方案，为亚特兰蒂斯酒店实现了业务快速部署、运维简单管理、总体拥有TCO降低，保障了系统的可维护性、可

用性以及可扩展性。在备份端，采用了物理磁带机的方式，备份归档数据。从而实现了用户的整个虚拟化集群的稳定性、可靠性，帮助用户降低投资成本、改善有线网络。

（二）提速数字化管理

亚特兰蒂斯酒店计算机网络系统主要涉及有线网络、无线网络以及网管功能等。为了应对各类管理业务系统实现网络在线化，承载酒店所有 IP 上各类功能和业务运行，企业用户需要将有线网络的物理分布结构、设计以星形扩散，在星形交换和路由层次上构成了一个冗余的核心网。以此方式，满足包括酒店数据交换系统、IPTV 系统、AP 系统，酒店园区管理等 Internet 接入，以及业务处理的毫秒级响应速度和服务不中断的在线需求。

在有线网络建设中，新华三技术有限公司采取了绿色环保的路由交换机，并为亚特兰蒂斯酒店实现了网络业务和安全业务的无缝融合。同时，在 IPTV、办公网、AP、客用方面，通过接入交换机进行互联接入，实现了顾客企业在核心汇聚到接入的三级网络架构的网络数据快速交换，进而将稳定、可扩展和高性能有机融合起来，降低了用户的投资成本。

在亚特兰蒂斯酒店的网络设计中，新华三技术有限公司采用了创新的数据中心虚拟化和网络融合技术、全面的 IPv6 解决方案、硬件加密等多项创新应用，使顾客企业的网络具备安全性和稳定性双面要求，实现了网络流量分析与管控等一体化的多业务承载。

（三）无线网络强化，简洁部署提升稳定

在亚特兰蒂斯酒店的无线网络设计上，对于无线网项目的建设需求，主要是实现对水上乐园等公共开放区域以及酒店房间的有效覆盖，保证高速稳定的无线接入速率，有效阻止非授权用户访问无线网络及网络相应安全与加密措施。

新华三技术有限公司主要帮用户在酒店房间、室内公共区域、酒店周边室外环境等场地部署无线，在酒店房间的衣柜后面，采用面板式 AP 的部署方式。新华三技术有限公司在无线部署的设计选择上，充分考虑到酒店无线网络的可管理、可靠性、技术成熟性、开放性与可扩充性等原则，简化布线，同时减少故障点，提高了网络的可靠与安全程度。

此外，新华三技术有限公司还为亚特兰蒂斯提供了无线网络的设计咨询服务、无线热图分析，保证占地面积 290 亩的水上乐园高体验的全面无线覆盖。

（四）革新建设下数字化酒店运营落地

随着有线与无线网络技术的建设革新，新华三技术有限公司为亚特兰蒂斯酒店创建了一套持续在线服务、简化可管控的健壮网络体系，并为酒店的数字化经营工作开启了诸多创新。

在数字化运行方面，借助无线网络系统，亚特兰蒂斯酒店开展了无线热图分析，保证水上乐园高体验的全面无线覆盖。通过使用有别于传统定位的丘比特技术，亚特兰蒂斯水上乐园的区域热图、人流轨迹等增值功能得以实现。同时，通过无线部署了热图数据分析功能，

在数字化营销方面，确保了多元化移动端的用户在不同地点的丰富体验，并创新地结合了新型营销手段。

通过网络的建设与运营工作，三亚亚特兰蒂斯酒店达成了网络设备管控与运维工作的简化、平稳运行。智能化的网络系统协助了酒店营销推广等服务，开创了酒店及大型娱乐设施基于网络数字化分析的新模式。

三、万豪国际集团 App

（一）概况

万豪国际 App 是连锁酒店集团万豪官方推出的万豪国际手机顾客端，万豪国际 App 为尊贵的万豪酒店的 VIP 用户提供尊享积分服务，万豪国际 App 在万豪并购喜达屋之后一跃成为酒店界当之无愧的巨无霸。万豪国际 App 除了可以在手机上预订万豪旗下所有酒店的房间之外，还可以在手机上随时办理登记入住信息和退房等。此外万豪国际 App 还提供贴心的积分兑换服务。

万豪国际 App 提供手机登记入住及退房、客房备妥实时提醒和手机客服等功能，让旅行更加便捷；在 70 多个国家的 4000 多家酒店和度假区预订住宿，包括集团旗下的各大品牌酒店。

（二）功能介绍

万豪国际 App 具有以下功能：

1）使用"万豪礼赏"会员专属最新功能"手机客服"，顾客可以与酒店员工进行交谈，甚至还可以在到达之前提出设施需求。目前，全世界大部分万豪国际酒店、JW 万豪酒店、傲途格精选酒店和万丽酒店均可使用该功能。

2）尊享会员专属额外礼遇，包括手机登记入住和退房，以及客房备妥信息即时更新。

3）注册加入"万豪旅享家"，可以保存顾客的偏好，同时顾客在预订全球数千家酒店的同时赚取积分。

4）在手持设备的支持下，顾客可以通过 App 随时随地浏览酒店图片、地图、城市指南和设施，或者致电酒店。

5）顾客可以查看近期预订并将其添加至手持设备的日历中，也可以取消预订。

6）支持英语、法语、西班牙语、德语和中文。

四、智慧酒店的发展路径

（一）四种建设模式

从浙江智慧酒店的发展历程看，杭州黄龙饭店、歌德大酒店等少数领风气之先的酒店早在 2009 年就开始了低碳化、智能化、信息化的探索和布局，并取得了积极成效。2010 年，杭州黄龙饭店耗资 10 亿元打造智能酒店，以全方位酒店管理信息系统 RFID（射频无线识别技术）为代表，让顾客获得与众不同的、便利舒适的体验。近年来，云技术、物联网、人工智能、社交和支付技术的日益成熟，为智慧酒店的发展注入了活力。君澜、开元等酒店集团先后推出智慧酒店"升级版"，阿里集团重金打造的"无人酒店"引爆业界，智慧酒店从"先锋试验"化身"市场宠儿"，成为酒店业发展的新方向。

当前，在智慧酒店建设过程中，不同的酒店结合自身的资金实力、管理模式、发展理念，采取不同的建设模式，主要体现在以下四个方面：

1. 立足智慧服务，改善顾客体验

酒店通过建立入住和退房自助办理体系、设计客房智能服务系统、引入智能机器人服务、创新员工对客服务等手段，简化住宿流程，促使酒店产品服务智慧化。例如，君澜酒店集团联合携程推出的 30s 刷脸入住、在线选房、自助前台、闪住、智能客控、智能音箱、行李寄送等服务举措。

2. 聚焦智慧管理，整合内部资源

酒店通过构建智慧化管理平台，实现酒店财务管理、能效管理、人力资源管理一体化。以华住集团为例，它设有自己的 IT 部门，自主研发 PMS 酒店管理信息系统、易系列产品、智能收益管理系统等，以此管理旗下 18 个酒店品牌和 4000 多家酒店。

3. 着力智慧营销，提升获客能力

酒店通过与旅游在线服务商合作、开发虚拟服务体验网站、开展新媒体营销等方式，迅速、灵活地满足顾客需求，实现酒店对外营销智慧化。如万豪酒店与腾讯合作的酒店"全场景智慧营销"项目，通过大数据匹配、LBS（地理位置服务）、内容植入等技术手段，为酒店品牌推广、潜客挖掘及预订引导赋能。

4. 构建智慧建筑，营造舒适环境

酒店利用互联网、物联网、智能家居、人工智能等新技术，打造酒店设备、办公自动化及通信网络系统，向顾客提供安全、高效、舒适、便利的住宿环境。

（二）建议

1. 科技和服务相融合，锻造品质

智慧酒店科技为表、服务为里，表里合一才是真"智慧"。科技是引擎，服务是导向，两者相辅相成，缺一不可。智慧酒店建设的出发点和归宿都是提升服务水平、提升酒店管理能力，而不是盲目堆砌高科技，让整个酒店"看上去"更智慧一些。要不断丰富智慧酒店服务的内涵和外延，用智慧服务为科技注入"温度"和"质感"，让科技活起来；要深度挖掘顾客的行为习惯，洞悉顾客心意并转化为简洁的服务，把智慧服务渗透到智慧酒店建设的

每一个环节当中。只有把这些技术上的创新转化为更人性化、更温馨的面对面服务，避免"科技进化、品质退化"，才能使智慧酒店保持生命力。

2. 定位和整合两端并重，精准发力

首先，找准定位。智慧酒店建设的首要工作就是找准定位，要充分考量酒店自身的投资能力、对回报的敏感程度、顾客消费能力等多种因素，扬长避短，精准发力，着眼长远，做好差异化战略规划。智慧酒店要面向"千禧一代"和"新中产"等新兴群体，打造独特社群，争夺C端流量，提高用户黏性，实现个性化发展。其次，加强整合。智慧酒店要加强对系统的有效整合，充分实现各系统之间数据的互联互通，整合有效资源，为一线服务提供支持，尤其要做好移动端的顾客信息、酒店PMS内顾客信息以及CRM系统中收集的顾客信息三者的有效对接，注重数据的深度挖掘和使用，实现数据价值最大化。

3. 资金投入和人才建设两轮驱动，持续发展

首先，要做好资金投入。智慧酒店建设，前瞻性的资金投入必不可少，酒店要算好当前账，更要算好长远账。在运营过程中，酒店要坚持从实际出发，"好钢用在刀刃上"，围绕酒店特色做好资金的精准投放和效益监测，实现资金管理效益最大化。其次，注重人才建设。人才建设是智慧酒店持续发展的关键所在。智慧酒店建设是一个典型的跨学科、交叉领域，需要从业人员既要掌握酒店管理和服务的相关知识，熟悉自身酒店日常经营与管理运作，又能掌握和运用相应的信息技术、掌握大数据方面的知识。从长远看，智慧酒店不能依赖于购买第三方服务，而应走出一条独特的自主培养人才之路。酒店要着眼于培养复合型人才，制订有针对性的人才培养计划，编制符合自身建设和发展实际的教程，使员工充分掌握相关知识，不断完善智慧管理与服务体系，推动智慧酒店持续发展。

4. 智慧客房管理

一个良好的管理体系应该是酒店各部门能够完全连接在一起，使运营更加高效、简单、方便。智慧客房管理系统主要分为预约、接待、收银和全站查询等工作。房务中心对系统的应用主要是修改客房信息、分析一次性物品的补给和出租品的出租情况、评估客房部员工工作量等，仓库主要是对物品的出入库审核和消耗量的清算。

5. 可视化门控

当住店顾客有访客访问时，访客按下门铃的瞬间便会激活门框上方的摄像头，访客的清晰图像便会在短短的几秒之内发送到住店顾客的手机或者客房内部的可视电话上，住店顾客便可以轻松确认访客身份，一经确认后住店顾客便可以使用手机或者可视电话开启房门。

6. 逃生指导

根据室内定位技术，结合酒店的建筑特点，系统自动规划的逃生路线将会出现在客房的显眼位置。当发生险情时，住店顾客可以在最短的时间内通过最佳路线离开酒店，当然在酒店的 App 和公众号的安全管理界面也可以查询到相应路线。移动终端实现了智慧酒店综合信息系统的互操作和数据共享，使住店顾客能够更方便、更及时地接收到信息。

7. 附加功能

酒店的推广广告可以在酒店的 App 或者公众号上出示赞助商的相关链接以及最近优惠的相关活动，给用户提供便利的同时也给酒店和赞助商带来好处，实现三赢。

课后习题

1. 智慧酒店的定义是什么？如何建设有特色的智慧酒店？
2. 简述智慧酒店管理信息系统的内容。
3. 结合实际，谈谈酒店转型为智慧酒店的意义。
4. 作为一个单体酒店，应如何开展智慧酒店建设来提升自己的市场竞争优势？
5. 请列举 2~3 个全球智慧酒店，并详细说明该酒店的智慧系统有哪些。

案例分析

IBM 对洲际酒店智慧管理系统的服务器规划设计

英国洲际酒店集团是一个全球化的酒店集团，在全球 100 多个国家和地区经营和特许经营着超过 4400 家酒店，超过 660000 间客房。庞大的公司体系对管理提出了全新的需求。IBM System x M3 系列服务器正是能够满足这些需求的产品，实际上洲际酒店集团也在全球采购了大量 IBM 服务器来对旗下酒店进行数字化管理。

IBM System x3650 M3（7945O01）可为酒店会所等用户关键型应用程序提供出色的性能，为这些用户的顾客管理、自身管理带来上佳平台。它的易于维护和管理的可扩展、内存和数据容量等更是此服务器性能突出的细节。作为一款双力的四核机架式服务器，IBM 的这款产品所具有的外观特征与同类产品差别不大，并且具有较大的体重，机身重量为 30kg。虽然此服务器的体重较大，但更说明此产品性能的上佳表现。

硬件配置上，此机最多支持两个采用 Quick Path Interconnect 技术的 3.46GHz 六核，即 3.60GHz 四核英特尔至强 5600 系列处理器，用户可感受到的内存容量高达 192GB，值得一提的是，此机采用新一代高性能 DDR-3 内存，在硬盘表现上，此服务器支持多达 16 个 2.5" 热插拔 SAS/SATA 硬盘驱动器或固态驱动器，硬盘容量非常大。此外，System x3650 M3 采用低功率的 675W 设计，并具有 94% 的高效电源以及六个散热风扇模块，为服务器的节电能力做了有力保障。System x3650 M3 的网络控制器采用集成双端口千兆网卡，具有高效的系统管理方式，支持 IBMIMM、Virtual MediaKey 用于可选的远程呈现支持、预测故障分析、服务器自动重启，可为用户实用带来很大便捷。IBM 的这款双路四核机架式服务器有 4×PCI-Ex8（二代插槽），更最大支持 16 块 2.5in 热插拔 SAS/SATA 硬盘，用户可根据使用过程和环境变化进行扩展，增强服务器的工作性能。

整体来看，IBM 的这款服务器通过更高的性能功耗比提高成本效益，并通过灵活的设计简化管理和易维护性，而弹性架构和虚拟化环境为管理降低了风险，是一款整体表现值得期待的高性能服务器。在洲际酒店的实际应用中，IBM System x3650 M3 也凭借自身优秀的性能和可用性达到了令人满意的效果。

思考题：

1. 结合案例材料和本章所学知识，分析智慧酒店管理信息系统应该包括哪些功能模块，实现哪些功能。

2. IBM 提出的智慧酒店管理信息系统还有哪些地方可以完善？

参考文献

[1] 李虹，路雪．浅谈酒店的信息化管理 [J]．饭店现代化，2014 (8)：65-66.

[2] 王鹏．酒店运营信息化管理研究 [D]．青岛：中国海洋大学，2014.

[3] 吴琳．信息化技术在酒店管理专业教学中的应用和实践 [J]．技术与市场，2019，26 (11)：124-125.

[4] 潘援，姚建园．酒店管理类课程信息化设计及应用：以典型工作任务《酒店客房预订程序》为例 [J]．知识经济，2018 (24)：19-20.

[5] 黄晓丽．信息化手段在酒店管理课程教学中的应用 [J]．当代旅游 (高尔夫旅行)，2018 (11)：112.

[6] 全文景．信息化时代背景下酒店管理专业应用型人才培养策略探究 [J]．当代旅游 (高尔夫旅行)，2018 (9)：292-293.

[7] 于强，王朝晖．酒店业信息化管理应用策略研究 [J]．赤子 (上中旬)，2015 (7)：189.

[8] 王玲．浅谈我国酒店业信息系统应用现状及发展前景 [J]．企业导报，2012 (3)：99 100.

[9] 沈立真，姜华．酒店业电子商务的应用与发展 [J]．商场现代化，2008 (30)：126.

[10] 王淑华．电子商务在酒店业的应用和发展 [J]．辽宁师专学报 (自然科学版)，2006 (3)：47-49.

[11] 王淑华，王仁成．电子商务在酒店业的应用与研究 [J]．辽宁高职学报，2005 (3)：59-61.

[12] 李兴国．信息管理学 [M]．北京：高等教育出版社，2007.

[13] 高复先．信息资源规划：信息化建设基础工程 [M]．北京：清华大学出版社，2002.

[14] 赵捷，于海澜．企业总体架构：企业信息战略规划治理和信息系统总体架构设计 [M]．北京：电子工业出版社，2006.

[15] 薛华成．管理信息系统 [M]．6 版．北京：清华大学出版社，2012.

[16] 薛华成，陈晓红，刘晓娟．信息资源管理 [M]．北京：高等教育出版社，2008.

[17] 吴联仁．酒店管理信息系统：理论、实践与前沿 [M]．北京：旅游教育出版社，2015.

[18] 陆均良，沈华玉，朱照君，等．酒店管理信息系统 [M]．北京：清华大学出版社，2015.

[19] 陈文力．酒店管理信息系统 [M]．北京：机械工业出版社，2020.

[20] 石应平，冷奇君．酒店管理信息系统实务 [M]．北京：高等教育出版社，2011.

[21] 袁宇杰．酒店信息化与电子商务 [M]．北京：北京大学出版社，2012.

[22] 章勇刚，沙绍举．酒店管理信息系统：OPERA 应用教程 [M]．北京：中国人民大学出版社，2019.

[23] 富达自动化管理系统 (上海) 有限公司．Micros 系统中文手册 [Z]．2019.

[24] Salesforce Inc. Customer relationship management (CRM) platform [DB/OL]．[2021-11-04]．https：//www.salesforce.com/cn.

[25] 上海仁库软件科技有限公司．HRLINK 产品中心 [DB/OL]．[2021-11-04]．https：//www.hrlink.com.cn/ProductCenter.

［26］迟艳阳，陈学清，崔焕然，等．酒店"智慧化"发展的创新思考［J］．时代经贸，2020（25）：102-103.

［27］钟山．探讨"互联网+"背景下智慧酒店的建设［J］．绿色环保材料，2020（6）：208；212.

［28］谢君．互联网+环境下的智慧酒店及其发展对策［J］．企业改革与管理，2020（9）：59-60.

［29］刘鹏．云计算［M］．2版．北京：电子工业出版社，2011.

［30］刘云浩．物联网导论［M］．2版．北京：科学出版社，2013.

［31］恩伯格，库克耶．大数据时代［M］．盛杨燕，周涛，译．杭州：浙江人民出版社，2013.

［32］耿佳，于子恒，董益超，等．品牌酒店忠实客户管理信息系统创新研究［J］．科技视界，2018（30）：69-71.

［33］张胜男，何飞，李宏．酒店管理信息系统［M］．武汉：华中科技大学出版社，2019.

［34］许鹏，梁铮．酒店管理信息系统教程实训手册［M］．2版．北京：中国旅游出版社，2016.